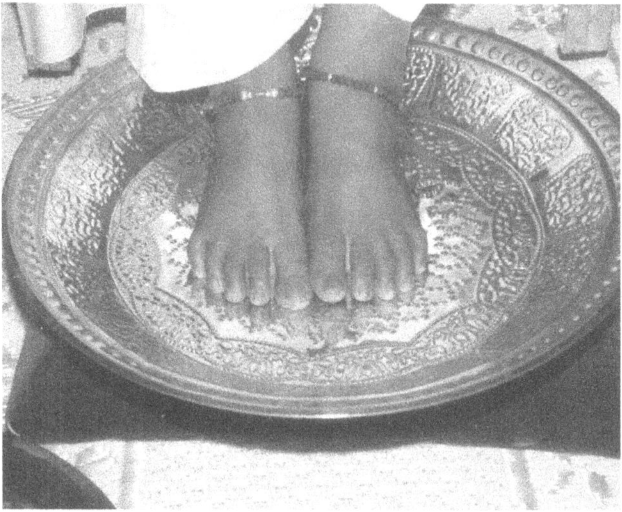

Dit boek draag ik op
aan de lotusvoeten
van mijn geliefde satguru,
Sri Mata Amritanandamayi

Vedanta in de praktijk

Amma en Advaita

Door Swami Ramakrishnananda Puri

Mata Amritanandamayi Center
San Ramon, Californië, Verenigde Staten

Vedanta in de praktijk

Amma en Advaita

door Swami Ramakrishnananda Puri

Gepubliceerd door:
Mata Amritanandamayi Center
P.O. Box 613
San Ramon, CA 94583
Verenigde Staten

Internationaal: www.amma.org

In Nederland: www.amma.nl

In België: www.vriendenvanamma.be

Inhoud

Sri Mata Amritanandamayi

Sri Mata Amritanandamayi, beter bekend als Amma, heeft zich bij miljoenen mensen over de hele wereld geliefd gemaakt door haar buitengewone daden van liefde en zelfopoffering. Amma houdt iedereen die naar haar toe gaat, dicht tegen zich aan in een liefdevolle omhelzing. Amma deelt haar grenzeloze liefde met iedereen ongeacht geloof, sociale status of de reden waarom ze gekomen zijn. Met deze eenvoudige en krachtige manier heeft Amma de levens van ontelbare mensen veranderd en opent ze hun hart, omhelzing na omhelzing. In de afgelopen 45 jaar heeft Amma fysiek meer dan 40 miljoen mensen uit alle delen van de wereld omhelsd. Haar onvermoeibare toewijding om anderen te verheffen heeft geïnspireerd tot een uitgebreid netwerk van liefdadigheidsactiviteiten. Door anderen onbaatzuchtig te dienen ontdekken mensen een diep gevoel van vrede en innerlijke vervulling.

Amma leert ons dat het goddelijke in alles bestaat, in het bewuste en het onbewuste. Zich deze waarheid realiseren is de essentie van spiritualiteit, de manier om alle lijden te beëindigen. Amma's lessen zijn universeel. Wanneer men haar naar haar religie vraagt, antwoordt ze dat haar religie liefde is. Ze vraagt niemand om in God te geloven of van geloof te veranderen, maar wel om de eigen ware aard te doorgronden en in zichzelf te geloven.

Inleiding

Of we ons er nu bewust van zijn of niet, we hebben maar één doel in het leven: gelukkig zijn. We kunnen wel denken dat we andere doelen nastreven, maar als we die analyseren, komen we erachter dat ook dat manieren zijn om geluk te vinden. Onbewust berekent onze geest voortdurend of datgene wat we doen ons geluk vergroot of verkleint.

Kijk eens naar zes dingen die je de afgelopen 24 uur hebt gedaan. 1. Je hebt je gedoucht en je tanden gepoetst; 2. twintig minuten gemediteerd; 3. ontbeten; 4. een geliefde omhelsd; 5. je bent naar je werk gegaan; 6. je hebt een uur vrijwilligerswerk gedaan. Hoewel de direct beoogde verdienste van elke handeling verschilt, is de voornaamste, indirect beoogde verdienste van al deze handelingen geluk. Je kunt zeggen dat je je tanden poetst, omdat je schone tanden en een frisse adem wilt, maar waarom willen we die dingen? Heel eenvoudig: gaatjes zijn pijnlijk en doen daarom afbreuk aan ons geluk. Zo ook is een slechte adem gênant; het kan ons in verlegenheid brengen en afbreuk doen aan onze gemoedsrust.

Ook meditatie maakt ons op het moment zelf wel of niet gelukkig, maar uiteindelijk geloven mensen dat meditatie hen gelukkiger en vrediger maakt, ook al wordt de meditatie zelf soms als saai ervaren. Van ontbijten worden we allemaal gelukkig. Maar stel dat we het ontbijt overslaan. Dan hebben we ergens afgewogen dat afvallen ons meer geluk zal brengen dan een stevig ontbijt. Zoals een supermodel ooit controversieel zei: “Niets smaakt zo goed als je slank voelen.”

Wij gaan naar ons werk voor het om geld te verdienen en om bij te dragen aan de maatschappij, maar waarom willen we dat? We weten dat we het zonder geld moeilijk zullen hebben. Bovendien voelen veel mensen zich niet vervuld zonder actieve bijdrage aan de samenleving. We omhelzen onze dierbaren, omdat het onderhouden van onze relaties, door het geven en ontvangen van genegenheid, ons een rijk en gelukkig gevoel geeft. Zelfs vrijwilligerswerk doen we omdat we geloven dat de positieve gevoelens die het helpen van anderen in ons opwekt, ons geluk zullen brengen.

Ik bracht dit eens ter sprake bij een devotee die zei dat hij het er niet mee eens was. Hij kende veel mensen die alleen vanwege sociale druk vrijwilligerswerk doen. Ik wees hem erop dat zelfs die motivatie voortkomt uit het verlangen naar geluk. We willen de kritiek van de mensen om ons heen namelijk vermijden. Onze geest schat in dat het niet naleven van de waarden van de groep waar we bij willen horen ons ongelukkiger maakt dan naar de gaarkeuken te rijden en daardoor misschien de cricket- of basketbalwedstrijd te missen. Uiteindelijk is alles wat we doen een poging om gelukkig te worden.

Amma heeft haar eigen unieke manier om dit uit te drukken. Ze zegt: "Ons leven is bedoeld om in liefde geboren te worden, in liefde te leven en uiteindelijk in liefde te eindigen." Wat is liefde? Liefde is geluk. Het zijn synoniemen. Het gevoel van liefde en het gevoel van geluk zijn één en hetzelfde: gelukzaligheid, vrede, vreugde. Zoals we in het Sanskriet zeggen: ānanda. Maar Amma's citaat houdt daar niet op. Ze zegt: "Ons leven is bedoeld om in liefde geboren te worden, in liefde te leven en uiteindelijk in liefde te eindigen. Maar terwijl de meerderheid het leven doorbrengt op zoek naar liefde, sterft tragisch genoeg de meerderheid zonder het ooit te vinden." Amma zegt dat we jammerlijk falen, ook al is ons hele leven erop gericht liefde en geluk te ervaren. Dus terwijl ons onderbewustzijn voortdurend aan het berekenen is wat ons het meeste geluk oplevert, blijkt er overduidelijk een fundamentele fout in onze berekeningen te zitten.

Op deze tekortkoming wordt gewezen in de Madhu Brāhmaṇa van de *Bṛhadāraṇyaka Upaniṣad*. Daar zien we letterlijk de evolutie van de geluksformule van een spirituele zoeker. Na het verwerven van ātma-jñānaṁ (zelfkennis) besloot Yājñavalkya zijn huisraad tussen zijn twee vrouwen te verdelen om het leven van een rondtrekkende monnik te gaan leiden. Yājñavalkya begrijpt zijn ware aard al, maar hij wil de rest van zijn leven volledig wijden aan zelfkennis: dat al zijn gedachten, woorden en daden doordrenkt zijn van dat inzicht. Hij wil de mentale vrede, tevredenheid en het geluk ervaren die ontstaan als het onderbewustzijn van dat begrip doordrongen is.

Wanneer hij zijn twee vrouwen hiervan op de hoogte stelt, heeft de ene, Kātyāyanī, vrede met zijn besluit. De andere, Maitreyī, realiseert zich dat als haar man bereid is afstand te doen van al zijn bezittingen en relaties, hij iets moet bezitten wat nog waardevoller is. Dus zegt ze: "Vergeet mijn helft van de spullen." En vraagt vervolgens: "Als ik alle bezittingen van de wereld zou hebben, zou me dat dan van de dood bevrijden?" Yājñavalkya geeft meteen toe dat dit niet het geval is. "Het zal je comfort geven," zegt hij, "maar op een dag zul je toch moeten sterven." Als Maitreyī dit hoort, begrijpt ze dat al het comfort en geluk dat ze van relaties en bezittingen krijgt, verdwijnen als de dood haar er weer van scheidt. Haar geest berekent haar geluk: hoeveel geluk kan ik voor hoelang halen uit al Yājñavalkya's bezit? Niet zo veel en niet voor heel lang, realiseert ze zich.

Tevreden over de spirituele rijpheid van zijn vrouw, begint Yājñavalkya haar te onderrichten over de aard van geluk en het verband met materiële bezittingen en relaties:

sa hovaca na vā are patyuḥ kāmāya patiḥ priyo
bhavatyātmanastu kāmāya patiḥ priyo bhavati |
na vā are jāyāyai kāmāya jāyā priyā
bhavatyātmanastu
kāmāya jāyā priyā bhavati ||

> Yājñavalkya zei: "Mijn liefste, het is niet uit liefde voor de echtgenoot dat hij bemind wordt, maar uit liefde voor zichzelf. Net zomin, mijn liefste, is het uit liefde voor de vrouw dat zij bemind wordt, maar uit liefde voor zichzelf dat zij dierbaar is."[1]

Dit is een moeilijk te aanvaarden waarheid, maar voor een spirituele zoeker heel belangrijk. Iedereen heeft maar één ware liefde; het is, was en zal altijd alleen ons Zelf zijn. Alle andere vormen van liefde zijn secundair of ondergeschikt aan het fundament van eigenliefde.

Advaita Vedānta leert ons dat een menselijk wezen slechts van twee dingen houdt: de gelukservaring en de verschillende middelen om de ervaring van geluk te bereiken. In deze mantra geeft Yājñavalkya Maitreyī dus inzicht in de aard van relaties, inclusief die van hun eigen huwelijk dat binnenkort eindigt. Hij zegt tegen haar: "Je denkt misschien dat je van me houdt, maar in werkelijkheid hou je alleen van het geluk dat mijn aanwezigheid en handelingen in je geest opwekken. Ik ben een efficiënte manier om dat geluk te ervaren en daar hou

1 Bṛhadāraṇyaka Upaniṣad, 4.5.6

je van. Daarom ook heb ik jou 'liefgehad' en Kātyāyanī ook."

Yājñavalkya's onderricht lijkt nogal hard. Het klinkt nihilistisch maar er zit een ware diamant van wijsheid, licht en liefde in verborgen. Want Yājñavalkya zegt niet alleen dat liefde 'zelfzuchtig' met een kleine 'z' is, hij zegt ook dat liefde 'Zelfzuchtig' met een hoofdletter 'Z' is. Dit betekent dat liefde de aard van het Zelf is, het ware Zelf, de ātmā. De liefde die je denkt te verwerven met bezittingen en relaties, komt niet van die voorwerpen; hij komt van binnenuit. Gelukzaligheid, onze ware aard, manifesteert zich in onze geest. Het is *die* ervaring, de ervaring van onze geest die de gelukzaligheid van de ātmā weerspiegelt, waar we zo van houden en waarnaar wij hunkeren. Ten onrechte denken wij dat de bron buiten ons ligt, maar die gelukzaligheid is wie wij ten diepste zijn.

Deze vergissing is de reden dat onze geluksformules blijven falen. Onze formule kent namelijk de hoogste waarde toe aan de *middelen* om geluk te verwerven, niet aan geluk zelf. En al die middelen, geld, huizen, gezondheid, relaties, vermaak, plezier, enz., zijn beperkt. Die middelen scheppen alleen de voorwaarden zodat een klein beetje geluk zich korte tijd in onze geest manifesteert. Als we ultiem geluk, ware gelukzaligheid, willen bereiken, dan moeten we geluk niet door externe middelen najagen, maar als onze fundamentele natuur begrijpen en aanvaarden. Zoals Amma zegt: “Verander ‘Ik hou van jou’ in ‘Ik ben liefde’.”

Aangezien dit geen fysieke omschakeling is, kan deze verandering niet worden bereikt door iets te doen, wereldlijk of spiritueel. Het is een verschuiving in kennis; we moeten begrijpen dat liefde onze natuur al is. In Vedānta wordt het prāptasya prāptiḥ genoemd, het bereiken van het reeds bereikte. Het is het ontdekken van de waarheid: ik ben, was en zal altijd die ene, oneindige, eeuwige bron van liefde en gelukzaligheid zijn.

Er was eens een man die Cletus heette en niet wist dat hij een mens was. Hij dacht dat hij een labrador was. Op een dag komt het in hem op dat hij graag mens zou willen worden. Cletus besluit dat dit het echte doel in zijn leven is. Niets anders doet er nog toe. Hij wil er alles aan doen om dit zo snel mogelijk te laten gebeuren.

Hoe gaat Cletus dit bereiken? Als hij 10.000 mijl hardloopt, wordt hij dan mens? Nee. Als hij ophoudt met het eten van hondenvoer en vegetariër wordt? Nee. Wat als hij leert mediteren en dat 20 uur achter elkaar doet, terwijl hij tegelijkertijd de yogāsana 'neerwaartse mens' uitvoert? Niets van dit alles kan van Cletus een mens maken. Waarom niet? Omdat Cletus al mens is. Hij is een mens die denkt dat hij een hond is. Niets kan van Cletus een mens maken zelfs niet de kennis dat hij mens is. Omdat hij al mens is.

Dit is het fundamentele uitgangspunt van Advaita Vedānta. We mogen dan geen mensen zijn die denken dat we een hond zijn, maar wij zijn God, de ene, alles doordringende goddelijkheid, die denkt mens te zijn. Amma zegt: "Goddelijkheid is je ware aard. Niets kan dat veranderen. Als je blijft herhalen: 'Ik ben het ego, het lichaam, het verstand en de geest', zal dat geen enkel verschil maken. Je ware aard wordt door je gebrek aan begrip niet in z'n minst beïnvloed. Dit is hetzelfde als blijven herhalen dat de aarde plat is en niet rond. Als je blijft verkondigen dat de aarde plat is en gelooft dat het waar is, verandert dat dan de vorm van de aarde op enige manier? Natuurlijk niet. Net zo staat het je vrij te geloven dat je het ego bent en dat het ego echt is, maar je zult toch blijven wat je bent: de ātmā. Je goddelijke natuur zal niet veranderen of verminderen, zelfs als je er niet in gelooft."

Net zoals de werkelijkheid hetzelfde blijft of we nu geloven dat we een hond of een mens zijn, verandert de waarheid ook niet wanneer we denken dat we het ego zijn of de ātmā. De waarheid wordt noch door onze onwetendheid noch door onze kennis beïnvloed.

Waarom legt Vedānta dan zoveel nadruk op kennis? Omdat het leven vol en compleet wordt, wanneer we onze ware aard begrijpen. We beseffen dat de liefde en het geluk waar we ons hele leven naar op zoek waren, niet buiten ons ligt. Die liefde zijn wijzelf, God. Door deze kennis raken we vervuld. De voortdurende strijd naar voldoening eindigt. Daarna zijn onze handelingen niet langer gericht op nemen, maar op geven. We handelen niet langer uit een gevoel van gebrek, maar uit een gevoel van volheid en vervulling. We worden net zoals Amma, die in de geschriften beschreven wordt als de belichaming van altruïsme:

śāntā mahānto nivasanti santaḥ
vasantavalloka-hitaṁ carantaḥ |
tīrṇāḥ svayaṁ bhīmabhavārṇavaṁ janān
ahetunānyānapi tārayantaḥ ||

Er zijn vredelievende, grootmoedige mensen, die leven als het lenteseizoen, goed zijn voor anderen, en die, nadat ze zelf deze vreselijke oceaan van het wereldse bestaan zijn overgestoken, anderen helpen dezelfde oceaan over te steken, zonder enig zelfzuchtig motief.[2]

Net zoals alleen de kennis "Cletus, je bent geen hond; je bent een mens" hem ervan kan bevrijden dat hij een hond is, zo kan alleen ātma-jñānam ons bevrijden van de misvatting dat we mens zijn, beperkt, sterfelijk, gebonden en lijdend. Deze verschuiving in ons zelfbegrip wordt mokṣa, bevrijding, genoemd. Daarom verklaren de gurus van de Advaita Vedānta-lijn stellig: kevalād-eva jnānād-mokṣaḥ "Alleen uit kennis komt bevrijding voort".[3]

De titel van dit boek is *Vedānta in de Praktijk*. Deze titel hebben we gekozen omdat we dit in

---

2 Vivekacūḍāmaṇi, 37
3 Ādi Śaṅkarācārya's inleidend commentaar op het derde hoofdstuk van de Bhagavad-Gītā.

Amma zien: iemand bij wie alle gedachten, daden en woorden volledig in overeenstemming zijn met de principes van Vedānta. Wanneer Amma het over Advaita heeft, benadrukt ze bovendien dat Vedānta niet iets is om alleen maar over te praten, maar iets wat geleefd moet worden. Amma zegt: "De wijzen uit de oudheid deden eeuwenlang intense spirituele oefeningen. Zij brachten Vedānta in de praktijk. De meesten van ons lezen alleen maar en geven lezingen over de geschriften. Dit is een intellectuele oefening. Vedānta moet in de praktijk gebracht worden. Dat is ware spiritualiteit. De enige manier waarop we onze spirituele vooruitgang echt kunnen beoordelen is door na te gaan in hoeverre we ongeacht de omstandigheden gelijkmoedig en geduldig zijn en in hoeverre liefde en mededogen voor anderen spontaan in ons hart opwellen. Dat moet onze primaire focus zijn."

Het doel van dit boek is om de essentie van spirituele kennis te presenteren, een kort overzicht te geven hoe we die kunnen verkrijgen en te onthullen hoe Advaita Amma's ultieme leer is. Bovendien zullen we onderzoeken wat Amma bedoelt als ze het heeft over *Vedānta in de Praktijk* en waarom ze vindt dat het van cruciaal belang is voor de spirituele zoeker.

1

De Godin van Kennis

In de Indiase cultuur wordt kennis beschouwd als het hoogste goed, hoger dan wat ook. Het wordt zelfs vergoddelijkt en vereerd als de Godin Sarasvatī, de Goddelijke Moeder. Wanneer er een samenkomst of programma plaatsvindt, beginnen we met het aansteken van de olielamp. De vlam van de lamp vertegenwoordigt kennis, waarvan de betekenis is: "Zoals deze donkere kamer wordt verlicht door deze vlam, moge zo ook deze kennis zich over ons allen verspreiden en de duisternis van onwetendheid verdrijven." De oude dichter Bhatṛhari prees kennis ooit met het volgende couplet:

na cora-hāryaṁ na ca rāja-hāryaṁ
na bhrātṛ-bhājyaṁ na ca bhārakārī |
vyaye kṛte vardhata eva nityaṁ
vidyā-dhanaṁ sarva-dhana-pradhānam ||

Niet onderhevig aan diefstal of belasting; niet opeisbaar door een broeder, noch ooit een last. Het groeit als het gebruikt wordt.

De rijkdom van kennis is de grootste van alle soorten rijkdom.

Aan kennis wordt in de Indiase cultuur zo'n hoge status toegekend vanwege zijn enorme transformerende kracht. Het begrip dat we van voorwerpen, mensen, God enz. hebben, bepaalt onze houding ertegenover. Onze houding bepaalt op zijn beurt onze gedachten, woorden en daden. Daarom is kennis de basis van ons leven. Met de groei van kennis komt totale transformatie. Momenteel is de kennis over onszelf en de wereld onjuist. Daarom zijn onze interacties met de wereld en met elkaar problematisch. Alleen als we onze misvattingen over onze eigen aard en de aard van de wereld corrigeren, zullen onze handelingen, net als die van Amma, harmonieus worden.

Het volgende voorbeeld dat Amma zelf geeft, illustreert deze waarheid. "Op een school deed zich een uniek probleem voor. Een aantal meisjes deed in de wc's lippenstift op. Dat was prima, maar nadat ze hun lippenstift op hadden gedaan, drukten ze hun lippen tegen de spiegel om het teveel weg te halen. Dit liet tientallen lippenstiftafdrukken achter op de spiegel. Iedere dag was de conciërge urenlang bezig met het afpoetsen van de lippenstift-afdrukken. Hij vertelde het de leerlingen en hing waarschuwingen op in de toiletten en op mededelingenborden. Maar er veranderde niets. Uiteindelijk diende hij een officiële klacht in bij de directrice. Zij kwam meteen de spiegels inspecteren. Ze stelde de conciërge gerust en zei hem dat ze alle leerlingen zou benaderen en het zou regelen.

De volgende dag riep de directrice alle meisjes naar de toiletten en ontmoette hen daar met de conciërge. Ze legde eerst uit dat al die lippenstiftafdrukken een groot probleem voor hem waren, omdat hij elke dag alle spiegels moest schoonmaken. Het maakte weinig indruk op de leerlingen.

Geamuseerd door hun gebrek aan belangstelling riep de directrice de conciërge bij zich en vroeg hem te demonstreren hoe hij de spiegels schoonmaakte. Toen haalde hij een trekker met een lange steel, doopte die in een toilet, tilde hem op en gebruikte hem om de spiegel schoon te maken.

De meisjes gilden: ‘Wat! Maak je zo de spiegels schoon?’

De conciërge zei: 'Ja, de spiegels worden elke dag op deze manier schoongemaakt.' Onnodig te zeggen dat er nooit meer lipafdrukken op de spiegels te zien waren."

Bij het vertellen van dit verhaal zegt Amma: "De satsaṅg van de directrice en de bewustwording bij de meisjes gingen hand in hand. Ze begrepen het in een flits en het transformeerde onmiddellijk hun denken, hun gevoelens en hun daden."

Dit is de kracht van kennis. De meisjes hadden allemaal een bepaald idee over de spiegels, dat die schoon waren. Als ze hun eigen opgemaakte gezicht op die schone spiegel zagen stralen, maakte hen dat verliefd op hun spiegelbeeld. Het gevolg hiervan was dat ze hun eigen spiegelbeeld kusten. Dus: kennis bepaalde hun houding en hun houding bepaalde het handelen. Maar toen lieten de directrice en de conciërge zien dat hun beeld van de spiegel niet klopte. De spiegel was niet schoon, hij was besmeurd met toiletwater. Door dit nieuwe inzicht veranderde de houding van de meisjes ten opzichte van de spiegel van bewondering naar afschuw. En dit veranderde hun handelen onmiddellijk.

Net als licht, verheldert en verlicht kennis dingen die voorheen verkeerd begrepen werden. Maar zelfkennis is een speciaal kennisgebied, het transformeert ons. Dat is omdat het ons concept van wie we zijn voor eens en voor altijd volledig verandert. Aan andere vormen van leren komt geen einde. Als het gaat om het bestuderen van materiële wetenschap, geldt dat hoe meer we leren, hoe meer we feitelijk beseffen dat we niets weten. Als we materiële wetenschap betreden met een gevoel van innerlijke onvolledigheid, zal onze studie daar niets aan veranderen. We kunnen kennis verwerven over geschiedenis, natuurkunde, nanowetenschappen of scheikunde, maar we blijven ons vervreemd, eenzaam, depressief en onvolledig voelen.

Dit wordt prachtig beschreven in de *Chāndogya Upaniṣad.* Daarin benadert de zeergeleerde Nārada een wijze genaamd Sanatkumāra. Nārada heeft van zijn grootsheid gehoord en wil zijn leerling worden. Hij stelt zich voor en somt zijn verschillende prestaties en verworvenheden in het leven op. Het is een lange lijst: alle vakken die hij gestudeerd heeft, alle kunsten die hij zich eigen heeft gemaakt, de verschillende wetenschappen en takken van kennis, de diploma's die hij heeft behaald, enz. Het is een indrukwekkende lijst. Het lijkt een eeuwigheid te duren. Maar dan, na deze enorme lijst te hebben opgesomd, bekent Nārada: so'haṁ bhagavaḥ śocāmi "Eerbiedwaardige, ik ben nog steeds bedroefd." Dan legt de Upaniṣad uit dat kennis het antwoord is, maar niet materiële kennis. Niet de kennis van objecten is nodig, maar kennis van het subject zelf: *tarati śokam ātmavit* "De kenner van het Zelf overwint verdriet."[1] Dit is de essentie van spiritualiteit. Amma zegt precies hetzelfde: "Als we ons leven leiden met de kennis dat de ātmā de ware bron van eeuwige vrede is, dan kunnen we verdriet vermijden of overwinnen." Ik herinner me dat een journalist Amma eens vroeg om de essentie van spiritualiteit in slechts één zin uit te leggen. Amma's antwoord was: "Ken je Zelf."

Net als Nārada hebben wij veel dingen in het leven bereikt. Het probleem is dat we van die prestaties blijvend geluk verwachten. Kunst en literatuur studeren en leren over de wereld en de wetenschap is prachtig. Dit kan ons leven op veel manieren verrijken, maar het zal ons geen waar, blijvend geluk brengen. Dit komt niet

---

[1] Chāndogya Upaniṣad, 7.1.3

door een tekortkoming van ons, maar doordat deze kennisvlakken dit niet eenvoudig kunnen. Het ware geluk verwachten van zulke prestaties is net zoiets als juwelen op het postkantoor verwachten.

Twee economen liepen in een park toen de een tegen de ander zei: "Als je mij in je gezicht laat slaan, geef ik je 5000 dollar." De tweede econoom dacht een minuutje na en ging toen akkoord. *Boem!* Hij werd in zijn gezicht geslagen. De eerste econoom schreef hem een cheque uit voor 5000 dollar en ze liepen verder. Even later zei de tweede econoom: "Hé, als je mij jou in het gezicht laat slaan, geef ik je 5000 dollar." De eerste econoom gaat akkoord en *Boem!* Hij kreeg een klap in zijn gezicht. Een stukje verder stopte de eerste econoom. Hij keek naar zijn vriend en beiden hadden een bloedneus. Hij zei: "Volgens mij zijn wij allebei zonder enige reden in het gezicht geslagen." De tweede econoom antwoordde: "Wat? We hebben in ons eentje het bruto binnenlands product met 10.000 dollar verhoogd!"

Het punt is dat materiële bezigheden en objectieve kennis hun eigen waarde hebben, maar vanuit het oogpunt van geluk is die waarde op zijn hoogst theoretisch.

Vedānta leert ons dat we door het leven gaan met een fundamenteel misverstand over de wereld, de objecten daarin en over onze ware aard, wie we zijn. Helaas bepalen deze misverstanden onze houding ten opzichte van de wereld en ten opzichte van onszelf. Bovendien bepalen deze misverstanden, die gebaseerd zijn op verwarring, de loop van ons leven. Als we die misverstanden kunnen corrigeren, zal onze negatieve houding positief worden en zal ons leven vrede en harmonie vinden. Ons verdriet zal verdwijnen. Om dit te bewerkstelligen is alleen kennis nodig, ware kennis over onszelf.

Laat me dit hoofdstuk afsluiten met een voorbeeld: Er ging eens een man naar zijn jaarlijkse lichamelijke onderzoek. De dokter deed enkele testen en hij moest de week erop terug komen. Een week later kwam de man terug en werd naar het kantoor van de dokter geroepen. De dokter vroeg hem te gaan zitten en begon op zijn computerscherm te kijken. Plotseling fronste de dokter zijn wenkbrauwen. Hij zei: "Nee, nee, nee, dit is helemaal niet goed."

De man versteende op slag. "Wat is er, dokter? Is het kanker?"

"Huh, wat?" zei de dokter. "Nee, u bent helemaal in orde. Mijn golfmaatje heeft net het tijdstip van onze golfafspraak gewijzigd."

Vedānta zegt dat we allemaal deze patient zijn. Omdat we de aard van de wereld en wie we zijn verkeerd begrijpen, zitten we vol spanning en angst. Wanneer de arts tegen de patiënt zegt: "Nee, alles is helemaal in orde," vindt hij onmiddellijk rust. Zo kunnen ook wij vrede vinden als wij de boodschap die Amma en de geschriften ons vertellen, eenmaal goed begrijpen en in ons opnemen. "Maak je geen zorgen, je bent in orde" is de essentiële leer van Vedānta. Het verschil tussen de diagnose van de dokter en die van Vedānta is dat de dokter het over het lichaam heeft, Vedānta heeft het over ons ware Zelf, de ātmā. Het lichaam zal soms gezond zijn en soms niet gezond, maar de ātmā is eeuwig, altijd vrij van aandoeningen, altijd zuiver, altijd gelukzalig en altijd vrij.

2

De schaar van Viveka

Zelfkennis is erg subtiel. Het object van deze kennis is namelijk helemaal geen object; het is het subject. Denk aan alle verschillende vormen van kennis waarover we vandaag de dag beschikken: kennis over sport, muziek, aardrijkskunde, onze verwanten, materiële wetenschappen, wiskunde, enz. In al deze voorbeelden is het subject van kennis iets anders dan wijzelf. We weten dit, omdat we op elk studiegebied te maken hebben met twee verschillende dingen: ik, het subject, en dan de wetenschap, het object van mijn studie.

Moleculaire biologie, de studie van de inwendige werking van moleculen, is een subtiele wetenschap vergeleken met bijvoorbeeld de grove anatomie. En psychologie zouden we als nog subtieler kunnen beschouwen, omdat die zich bezighoudt met iets wat niet eens zichtbaar is onder een microscoop, namelijk de werking van onze geest. Maar subtieler dan al deze wetenschappen is de studie van de ātmā.

Hoe subtiel de processen van een molecuul ook zijn, ze blijven objectiveerbaar. En ook al kunnen we de psyche misschien niet zien, de effecten ervan zijn wel waarneembaar. De ātmā echter is niet waarneembaar, hoe verfijnd onze wetenschappelijke instrumenten ook zijn. Het heeft geen eigenschappen om waar te nemen. Daarom verklaren de Upaniṣaden dat het ātmā anubhyo'aṇu is, "subtieler dan het subtiele."[2] En: naiva vācā na manasā prāptuṁ śakyo na cakṣuṣā, "het kan niet bereikt worden door de spraak, de geest of het oog."[3] En: yato vāco nivartante, aprāpya manasā saha, "zonder de ātmā te bereiken, keren woorden weer terug in de geest."[4]

Amma zegt hetzelfde: "Wetenschap houdt zich bezig met de objectieve wereld, terwijl spiritualiteit zich bezighoudt met de subjectieve wereld, de essentie van iemands bestaan. Het eerste gaat over wat gezien wordt, de wereld. Spiritualiteit gaat over de ziener, het Zelf, zonder wie de wereld van namen en vormen niet bestaat. De een is waarneembaar, de ander

---

[2] Muṇḍaka Upaniṣad, 2.2.2

[3] Kaṭha Upaniṣad, 2.3.12

[4] Taittirīya Upaniṣad, 2.9.1

subtiel. Het kennen van de ātmā is niet zo makkelijk als het kennen van het lichaam en de verlangens die daarmee verbonden zijn. Mensen jagen van nature eerder het bekende na dan het onbekende, dat ons ware Zelf is. Dus men neigt naar de waarneembare objecten van de wereld in plaats van naar de subtiele principes van spiritualiteit en leven."

Dit soort uitspraken wekken misschien ergernis. Ons wordt immers verteld dat we de ātmā niet kunnen aanraken. Noch kunnen we het zien of horen, enz. Bovendien kan het geen object van gedachten zijn. Tegelijkertijd wordt ons verteld dat het kennen ervan de enige manier is om vrede, geluk en een gevoel van volledigheid te bereiken, waar we ons hele leven aan wijden. Dit klinkt als een paradox. Het doet ons denken aan de jonge vrouw die, nadat ze is aangenomen, van haar nieuwe baas te horen krijgt: "Vergeet alles wat je op de universiteit hebt geleerd. Dat was allemaal nutteloos!" Waarop de vrouw zegt: "Maar ik ben nooit naar de universiteit geweest." Waarop de baas reageert met: "Je bent ontslagen! We nemen alleen afgestudeerden aan."

Maak je geen zorgen. De geschriften hielden rekening met onze frustratie en daarom geven ze ook aan waar we moeten beginnen. Ze zeggen: "Als je de ātmā niet direct kunt kennen als 'Het is *dit*', waarom dan niet het omgekeerde proberen, alles kennen wat het niet is: 'Het is *niet* dit.'" Als we op deze manier dingen gaan wegstrepen, kunnen we uiteindelijk misschien onze ware aard bereiken door het proces van eliminatie. Natuurlijk identificeert niemand zich met de uiterlijke wereld. Het probleem is onze identificatie met de verschillende aspecten van ons lichaam-geest complex.

In de geschriften wordt deze methode gepresenteerd met verschillende modellen. Enkele daarvan zijn het model van pañca-kośa viveka, het onderscheid tussen het Zelf en de vijf omhulsels; śarīra-traya viveka, onderscheid tussen het Zelf en de grove, subtiele en causale lichamen en avasthā-traya viveka, onderscheid tussen het Zelf en de waaktoestand, de droomtoestand en de diepe slaaptoestand. Dit zijn allemaal verschillende methoden om hetzelfde doel te bereiken. Door elk systeem wordt het duidelijk dat ons lichaam-geest complex niet het Zelf is. Daarom verwijzen we naar deze systemen als ātma-anātma viveka, onderscheid tussen het Zelf en niet-Zelf.

In zijn uitgebreide Advaita verhandeling *Vivekacūḍāmaṇi* besteedt Śrī Ādi Śaṅkarācārya meer dan vijftig verzen aan een zeer grondige versie van de pañca-kośa viveka.[5] Het is een zeer nuttig systeem dat de menselijke persoonlijkheid verdeelt in vijf kośa's (omhulsels), elk subtieler dan de vorige. Het zijn: de annamaya kośa, het voedselomhulsel, d.w.z. het fysieke lichaam dat het voedsel dat we eten als basis heeft; de prāṇamaya kośa, het energie-omhulsel dat al onze neurologische, cardiovasculaire, endocriene systemen, enz. bestuurt; de manomaya kośa, het mentale omhulsel dat de zintuigen omvat samen met al onze gedachten en emoties; de vijñānamaya kośa, het omhulsel dat ons zelfbesef als afzonderlijk individu omvat, ofwel het ego dat gelooft: ik ben de denker, het medium van handelen en degene die ervaart en wiens wil leidt tot handelen; en tenslotte de ānandamaya kośa, het omhulsel dat gelukzaligheid ervaart.

---

[5] De oorspronkelijke bron van de pañca-kośa viveka kan gevonden worden in het tweede hoofdstuk van de Taittirīya Upaniṣad en staat bekend als de Brahmānanda Vallī

In de tekst legt Śaṅkarācārya iedere kośa uitvoerig uit en ook waarom geen van hen de ātmā kan zijn. Zo geeft hij bijvoorbeeld tien redenen waarom de ātmā niet de annamaya kośa, het fysieke lichaam, kan zijn:[6] 1. De ātmā is eeuwig; het fysieke lichaam duidelijk niet. 2. De ātmā is zuiver; het fysieke lichaam is vol onzuiverheden. 3. De ātmā is bewust; het fysieke lichaam is inert. 4. Er zijn veel verschillende fysieke lichamen en toch is er maar één ātmā. 5. Het fysieke lichaam heeft eigenschappen, de ātmā is zonder eigenschappen. 6. De ātmā is onveranderlijk; het fysieke lichaam verandert voortdurend. 7. Het fysieke lichaam heeft geen onafhankelijke werkelijkheid; de ātmā is de enige onafhankelijke werkelijkheid. 8. Het fysieke lichaam bestaat uit delen zoals armen en benen; de ātmā is ondeelbaar. 9. Het fysieke lichaam wordt bestuurd, terwijl de ātmā de besturing verzorgt. 10. De ātmā is niet waarneembaar maar we kunnen allemaal duidelijk ons lichaam zien.

De argumenten van Śaṅkarācārya zijn logisch. De logica is echter een speciaal soort logica, een die gebaseerd is op kennis en vertrouwen in de

[6] Vivekacūḍāmaṇi, 154-164

uitspraken van de geschriften. Neem bijvoorbeeld zijn argument dat het fysieke lichaam niet de ātmā kan zijn, omdat de ātmā eeuwig is en het fysieke lichaam niet. De sterfelijkheid van het fysieke lichaam is duidelijk. We zijn ons er allemaal van bewust dat het vleselijke omhulsel uiteindelijk zal sterven en als het niet verbrand wordt, zal verrotten. We kunnen logisch tot deze conclusie komen door de analyse van alle fysieke lichamen die we in de wereld zien. Ze sterven allemaal. Daarom kunnen we hieruit logisch afleiden dat het onze ook zal sterven. Maar hoe kunnen we weten dat de aard van het Zelf eeuwig is? Dat is een kwestie van vertrouwen. Onze enige bron voor deze informatie bestaat uit de geschriften en de leringen van mahātmā's zoals Amma. Als we die bestuderen, zien we dat de *Bhagavad Gītā* zegt:

na jāyate mriyate vā kadācit
nāyaṁ bhūtvā'bhavitā vā na bhūyaḥ |
ajo nityaḥ śāśvato'yaṁ purāṇo
na hanyate hanyamāne śarīre ||

Nooit wordt hij geboren en nooit sterft hij; noch is het zo dat, na te zijn ontstaan, hij weer zal ophouden te bestaan. Hij is zonder geboorte, eeuwig, niet vergankelijk, oeroud;

> hij wordt niet gedood wanneer het lichaam wordt gedood.[7]

En wat zei Amma als tiener, toen sommige dorpelingen haar wilden doden omdat ze niet ophield met het geven van darśan? Ze glimlachte en zei: "Ik ben niet bang voor de dood. Je kunt dit lichaam doden, maar de ātmā is onsterfelijk, onverwoestbaar. Je kunt de ātmā niet doden." (Wat een mededogen heeft Amma! Kṛṣṇa heeft Arjuna ātma-jñānam op het slagveld geleerd, maar Amma probeerde zelfs zelfkennis te geven aan hen die haar wilden vermoorden.)

Dus, om deze logica toe te passen, dat het fysieke lichaam niet de ātmā kan zijn, omdat het niet eeuwig is zoals de ātmā, moeten we de geschriften en de woorden van mahātmā's zoals Amma bestudeerd hebben. We moeten ze niet alleen bestudeerd hebben, we moeten er ook vertrouwen in hebben. Als dat fundament er eenmaal is, dan kunnen we de onvergankelijke aard van het Zelf vergelijken en afzetten tegen de vergankelijke aard van het fysieke lichaam met als conclusie dat dit fysieke lichaam niet de ātmā kan zijn. In termen van pure logica zou

---

[7] Bhagavad-Gītā, 2.20

het beste wat we kunnen zeggen, zijn: "Als er werkelijk iets is wat de ātmā wordt genoemd en wat onsterfelijk is, dan moet dat iets anders zijn dan dit fysieke lichaam, dat duidelijk sterfelijk is."

De Upaniṣaden zeggen bijvoorbeeld: prajñānaṁ brahma "Bewustzijn is brahman"[8]. Als je vertrouwen hebt in de geschriften, is dit een krachtige uitspraak. Maar als je dat niet hebt, haal je je schouders op en zegt: "Dat is mooi, Swāmīji. Maar ook in *Star Wars, Episode 4 - A New Hope*, zegt Obi Wan Kenobi: 'De Kracht is altijd bij je', toch ga ik daar echt mijn leven niet op baseren!" Juist omdat vele lezers niet bekend zijn met de Indiase geschriften en om het beknopt te houden zullen we het systeem van ātma-anātma viveka gebruiken dat dṛg-dṛśya viveka genoemd: onderscheid tussen de ziener en het geziene. Dit systeem is puur logisch en vereist geen kennis van de geschriften.

Dṛg-dṛśya viveka is gebaseerd op een paar logische principes: 1. Een substantie en haar eigenschappen kunnen nooit fysiek gescheiden worden. 2. Omdat een substantie en haar eigenschappen niet fysiek gescheiden kunnen

---

[8] Aitareya Upaniṣad, 3.1.3

worden, moeten zij samen ervaren worden. 3. Als de substantie en haar eigenschappen samen een object vormen dat wij ervaren, dan moet er een subject zijn dat ervaart en dat verschilt van zowel de substantie als haar eigenschappen. 4. Daarom behoren alle ervaren eigenschappen toe aan de ervaren substantie en kunnen ze nooit tot mij behoren, het ervarende subject.

Laten we de eerste stap onder de loep nemen: *Een substantie en haar eigenschappen kunnen nooit fysiek gescheiden worden.* Vuur is hier een duidelijk voorbeeld van. Wat zijn de belangrijkste eigenschappen van vuur? Hitte en licht. We kunnen geen koud vuur of donker vuur hebben. Kunnen we die eigenschappen scheiden van hun substantie? Kunnen we de eigenschap 'hitte' van vuur loskoppelen en het naast het object vuur plaatsen? Nee, dat is onmogelijk. Ook al kunnen we misschien intellectueel de substantie 'vuur' van de eigenschap 'hitte' scheiden, we kunnen ze fysiek niet scheiden. De relatie tussen een substantie en haar eigenschappen wordt daarom een samavāya saṁbandha genoemd, een inherente relatie. Dit is dus onze eerste logische wet: *Een substantie en haar eigenschappen kunnen nooit fysiek gescheiden worden.*

De volgende stap is een uitbreiding van die eerste wet. Denk aan een reeks eigenschappen: dik, mager, zwart, rood, rond, zacht, scherp. Geen van deze eigenschappen kan ervaren worden zonder een substantie. Als ik tegen je zou zeggen: "Heb je het puntige gevoeld?" heeft dat geen zin. Je zou onmiddellijk vragen: "Het puntige wat?" Dit komt omdat, zoals we zojuist hebben gezegd, een eigenschap nooit fysiek kan worden gescheiden van zijn substantie. En toch ervaren we puntige dingen, rode dingen, magere dingen, ronde dingen. Als we dus de eigenschap puntigheid kunnen ervaren en we weten dat geen enkele eigenschap van zijn substantie gescheiden kan worden, dan komen we tot de toevoeging: *Alle ervaren eigenschappen behoren tot de ervaren substanties.* Daarom kan ik de puntigheid van de naald niet ervaren zonder tegelijkertijd de naald zelf te ervaren. Zo kan ik de naald ook niet ervaren zonder de puntigheid ervan. De ervaring van de substantie en haar eigenschappen is één en dezelfde ervaring. Dus, *alle ervaren eigenschappen behoren tot de ervaren substanties.*

Dan volgt een tweede logische wet, die zeer belangrijk is in Advaita: *Het ervaren object kan nooit het ervarende subject zijn.* Iemand die ervaart kan nooit zijn eigen ervaringsobject worden. Neem bijvoorbeeld het oog, ons gezichtsorgaan. Op zijn eigen relatieve manier is dit orgaan een ervarend subject. Met zijn gezichtsvermogen kan het een oneindig aantal objecten waarnemen: de tv, de deur, onze gezinsleden, onze eigen handen en voeten, de wolken in de lucht, de berg in de verte en zelfs licht dat wordt uitgestraald door sterren die triljoenen kilometers ver weg zijn. Onder de juiste omstandigheden kan één oogbol zelfs onze andere oogbol zien. Maar er is één ding dat een oogbol niet kan zien: een oogbol kan zichzelf niet rechtstreeks zien. Dus: *een ervaren-object kan nooit het ervarende-subject zijn.*

Nu de laatste stap: aangezien alle ervaren eigenschappen (vetheid, lengte, rondheid, warmte, koudheid, enz.) behoren tot substanties die ervaren worden, *kan geen enkele ervaren eigenschap mij toebehoren, het ervarende-subject.*

Als we de pañca-kośa's één voor één bekijken, wat zien we dan? Onze huid kan zwart, bruin of wit zijn. Met moedervlekken, sproeten of littekens, behaard, glad, rimpelig. Hoe het ook zij, dit zijn allemaal eigenschappen en dus maken ze deel uit van de substantie die het lichaam heet. De unieke ervaring van mijn lichaam en zijn eigenschappen is duidelijk een object van mijn ervaring. Daarom, *aangezien geen enkele ervaren eigenschap aan mij kan toebehoren, het ervarende-subject,* kan het lichaam en zijn eigenschappen mij niet zijn. Als we proberen vast te stellen wie we zijn door middel van een proces van eliminatie, dan kunnen we door dit logische proces het lichaam zeker schrappen.

Tot op zekere hoogte kunnen we zo ook de eigenschappen van prāṇamaya-kośa ervaren, de energie die door het lichaam stroomt. Deze energie weerspiegelt zich in onze spijsvertering, onze hartslag, bloeddruk, temperatuur, de snelheid van onze ademhaling. Al deze eigenschappen behoren tot de lichamelijke energie. Ik kan ze ervaren. Daarom kunnen deze eigenschappen en de substantie mij niet zijn.

Hoe zit het met de geest, de manomaya-kośa? Dit is ook een substantie met eigenschappen die door ons ervaren worden. Iemand kan ons vragen: "Hoe gaat het met je?" En wij zeggen dan "Heel gelukkig" of: "Vandaag voel ik me verdrietig." We ervaren de eigenschappen van geluk en verdriet. Op dezelfde manier ervaren we dat ons geheugen snel of traag is, dat we vol twijfel of overtuiging zitten. Dit kunnen we allemaal duidelijk waarnemen. Overtuiging, twijfel, verlangen, geluk, frustratie, depressie, verdriet, blijheid, jaloezie, hebzucht, enz. zijn allemaal eigenschappen die behoren tot de substantie die 'geest' wordt genoemd. Door ze te ervaren, ervaar ik ook de substantie zelf. Aangezien geen enkel ervaren object het ervarende subject kan zijn, betekent dit dat zelfs de geest, met al zijn wisselende eigenschappen, mij niet kan zijn.

Het volgende niveau van onze persoonlijkheid is de vijñānamaya-kośa. Het omvat het intellect en dat wat wordt aangeduid als ahaṅkāra, het ego. Het is de vijñānamaya-kośa die ons het gevoel geeft een individu te zijn met kartṛtvaṁ, het vermogen om te handelen, bhoktṛtvam, het vermogen om te genieten, en pramātṛtvam, kennis te hebben. Het is dit aspect van onze persoonlijkheid dat zegt: "*ik* doe dit", "*ik* heb dat ervaren", "*ik* denk op deze manier." Als we ons identificeren met de manomaya-kośa door ons te identificeren met emoties als jaloezie, dan is de vijñānamaya-kośa de gedachte "*ik* ben degene die jaloers is."

Elke laag naar binnen wordt steeds subtieler. Daarom wordt elke laag steeds moeilijker los te maken van het ware Zelf, de ātmā. Maar ook hier moeten we erkennen dat het feit alleen al dat we over dit aspect van onze persoonlijkheid kunnen praten, aangeeft dat we het ervaren als een object van ons bewustzijn. Bovendien komen en gaan de overtuigingen "ik doe dit", "ik ervaar dit", "ik denk dit". Zeker in diepe slaap lost het besef op van mezelf als beperkt individu dat gescheiden is van al het andere. Maar als we wakker worden, manifesteert het zich onmiddellijk weer. Toch behouden wij op wonderbaarlijke wijze een vage herinnering aan een tijdeloze ervaring waarin het ego afwezig was, waarin wij niets anders kenden dan een lege, peilloze gelukzaligheid. Hoewel de ahaṅkāra erg subtiel is, is hij toch duidelijk een object van ons bewustzijn. Śaṅkarācārya wijst hierop in zijn afsluitende commentaar op de *Bhagavad Gītā*:

> Wanneer de voortdurende waan dat "het lichaam, enz. de ātmā is" doorbroken wordt in diepe slaap of in samādhi, dan wordt de kwaal "ik ben degene die handelt" en "ik ben degene die geniet" niet langer waargenomen.[9]

---

[9] Śaṅkarācārya's commentaar op de Bhagavad-Gītā, 18.66

Ook Amma gebruikt de ervaring van diepe slaap om ons te laten zien dat het ego en zijn concepten van 'ik' en 'mijn' een voorbijgaande ervaring zijn en dat zij daarom niet wij, het subject, kunnen zijn. In Amma's woorden: "Een kind huilt urenlang omdat het een pop wil hebben. Uiteindelijk krijgt het de pop en speelt er een tijdje mee. Niemand mag de pop aanraken. Het kind gaat slapen en houdt de pop dicht tegen zich aan. Maar dan, als het kind slaapt, glijdt de pop op de grond en het kind is het zich niet eens bewust. Of een man verstopt al zijn goud onder zijn kussen en gaat slapen met zijn hoofd op het kussen. Maar terwijl hij slaapt, komt er een dief en steelt alles. Toen hij wakker was, kon de man aan niets anders denken dan aan zijn goud en had daardoor geen enkele rust. Maar in zijn slaap vergat hij alles. Hij was zich niet bewust van zichzelf, zijn gezin of zijn bezittingen. Als we wakker worden, komen 'mijn pop', 'mijn ketting' en 'mijn gezin' allemaal terug. Wanneer het bewustzijn van het 'ik' terugkomt, komt al het andere ook terug."

Tenslotte komen we bij de subtielste van alle kośa's, de ānandamaya-kośa, letterlijk 'de gelukzaligheidslaag'. De ānandamaya-kośa wordt waargenomen wanneer we geluk, vreugde of gelukzaligheid ervaren. Het wordt het meest diepgaand ervaren in diepe slaap, maar elke keer als we ons in vreugde verliezen door iets te bereiken waarnaar we verlangen, is dat de ervaring van ānandamaya-kośa. We kunnen de diepe slaaptoestand niet over een langere periode actief observeren, omdat de geest met zijn vermogen om de tijd te evalueren tijdens de diepe slaap tijdelijk oplost. Maar bij het wakker worden, hebben we op miraculeuze wijze een vage herinnering aan de ervaring van gelukzaligheid. Waarom denk je anders dat we zo graag slapen? Waarom zeggen we: "Nog vijf minuten!" als we worden gemaand op te staan? Omdat we in een droomloze slaap tijdelijk opgaan in een zee van gelukzaligheid. Amma zegt: "In diepe slaap is alleen maar gelukzaligheid. De gelukzaligheid die we in diepe slaap ervaren, geeft ons de energie die we voelen wanneer we wakker worden." In die periodes van diepe slaap lost de geest op. En daarmee ook onze waarneming van tijd en ruimte. Toch blijft zelfs de ānandamaya-kośa een ervaring. We weten dit omdat we allemaal wakker worden met die vage herinnering van "ik wist niets; het was gewoon heerlijk." We herinneren het ons als een ervaring, ontdaan van tijd en ruimte. Het feit dat we die herinnering hebben, bewijst dat de gelukzaligheid die we in diepe slaap ervaren iets anders is dan wij zijn.

Dan is de volgende vraag: "Hoe kan ik mij herinneren dat er iets gebeurd is, terwijl het mentale gebied voor herinneringen uitgeschakeld was toen het plaatsvond?" Hoewel we niet precies kunnen zeggen hoe dat is gebeurd, moeten we aannemen dat het gebeurde. Anders zou niemand van ons die herinnering hebben. In de Indiase kennisleer noemen we deze manier van weten arthāpatti, veronderstelling. Het klassieke voorbeeld is dat als iemand dik is en overdag nooit iets eet, we aan kunnen nemen dat hij 's nachts eet. Als we allemaal de herinnering hebben hoe gelukzalig diepe slaap is, moeten we die gelukzaligheid dus ervaren hebben, ook al kunnen we niet verklaren hoe de herinnering tot stand is gekomen.

Maar ook het geluk dat we overdag ervaren, of het nu het geluk is na het ontvangen van goed nieuws of bij het eten van een ijsje of het doorbrengen van tijd met vrienden, wordt ervaren als een object. Hoe zouden we het anders kunnen beoordelen? "Toen was ik gelukkig, maar niet zoals nu!" enz. Zelfs de gelukzaligheid die yogi's ervaren in samādhi is een object. De gelukzaligheid komt namelijk wanneer de yogī die staat binnengaat en gaat weer weg wanneer hij eruit komt. Ongeacht of het in samādhi is, in diepe slaap of wanneer we horen dat we de loterij gewonnen hebben, elke gelukzaligheid die we ervaren moet per definitie een object zijn, een object van onze ervaring. Daarom is het een eigenschap van een substantie, noem het ānandamaya kośa of wat je maar wilt. Ik ervaar de substantie en haar eigenschappen. Daarom kan het niet ik, het subject, zijn.

Het probleem is dat wij deze externe substanties en hun eigenschappen op onszelf projecteren, terwijl ze objecten van onze ervaring zijn. Het feit dat we ze ervaren betekent dat ze objecten zijn en niet wijzelf. In zijn commentaar op de *Bṛhadāraṇyaka Upaniṣad* verwerpt Śaṅkarācārya resoluut dat alles wat ervaren wordt het Zelf kan zijn. Daar zegt hij dat zelfs een uitspraak als "ik weet het niet" of "ik ben in de war" geen eigenschap van het Zelf aan het licht brengt, maar een ervaring toont van een eigenschap van de geest, die iets anders is dan het Zelf. Het is niet anders dan de ervaring van een fles:

> "Je zegt dat iemand vindt: 'ik weet het niet, ik ben in de war'. Daarmee geef je toe dat hij zijn eigen onwetendheid en verwarring waarneemt, met andere woorden dat dit de objecten van zijn ervaring worden. Hoe dan kunnen onwetendheid en verwarring, die objecten zijn, tegelijkertijd een beschrijving zijn van het subject, de waarnemer? Als ze aan de andere kant een beschrijving van het subject zijn, hoe kunnen ze dan objecten zijn en door het subject worden waargenomen? Een object wordt waargenomen door een handeling van het subject. Het object is één ding en het subject iets anders. Het kan niet door zichzelf worden waargenomen."[10]

Dus, door dit logische proces van dṛg-dṛśya viveka, waarbij de ziener wordt onderscheiden van het geziene, de waarnemer van het waargenomene, de kenner van het gekende, komen we erachter dat niets van wat we ervaren kan zijn wie wij zijn. Vedānta vraagt: "Hoe weet je dat jij het niet bent?" en antwoordt: "Als je het ervaart,

---

[10] Śaṅkarācārya's commentaar op Bṛhadāraṇyaka, 4.4.6

ben je het niet." Al onze fysieke eigenschappen behoren toe aan dit fysieke lichaam, niet aan ons. Al onze emoties en gevoelens behoren toe aan de geest, niet aan ons. Al onze gedachten en ideeën, behoren toe aan het intellect, niet aan ons. Al het ervaren geluk is ook een object, niet wij.

Op deze manier onderscheid maken wordt vaak het proces van neti neti "niet dit, niet dit" genoemd.[11] Amma verwijst vaak naar deze methode om het niet-Zelf van het Zelf te onderscheiden. Ze illustreert dit met het volgende verhaal: "We hebben viveka nodig. We moeten begrijpen dat we niet dit beperkte individu zijn, maar iets wat verder gaat dan dat. We moeten onderscheid blijven maken, totdat we er zijn. Eens werd de vader van een zoon ziek en de zoon ging medicijnen halen bij de apotheek. Toen hij terugkwam, was de elektriciteit uitgevallen. De kamer was pikdonker. Toen hij bij de deur kwam, moest hij zijn vader vinden, want zijn vader moest het medicijn onmiddellijk innemen. De zoon ging de kamer van zijn vader binnen en kon niet zien waar het bed van zijn vader was. Dus ging

[11] Bṛhadāraṇyaka Upaniṣad, 2.3.6

hij op de tast verder en raakte alles aan wat op zijn pad kwam. Eerst kwam hij bij de stoel. “Hier is mijn vader niet.” Toen kwam hij bij de tafel. Opnieuw: “Dit is de tafel, dit is niet mijn vader.” Toen kwam hij bij de kast en zei: “Dit is de kast, niet mijn vader.” Op deze manier baande hij zich langzaam een weg naar zijn vader. Uiteindelijk bereikte hij het bed en kon hij zijn vader het medicijn geven. Op dezelfde manier moeten wij onderscheid blijven maken, neti neti “Ik ben dit niet, ik ben dit niet.” Op deze manier wordt het duidelijk: “Ik ben niet het lichaam, ik ben niet de geest, ik ben niet het intellect. Mijn ware aard is de ātmā.” Als we op deze manier onderscheid blijven maken, zullen we het geleidelijk overstijgen.”

Door dit proces zien we dat we alles wat we dachten te zijn, niet zijn. Niet het lichaam, niet de geest, niet de zintuigen of het intellect. Zelfs niet degene die de handelingen verricht en de resultaten daarvan plukt. Zo ook zijn alle eigenschappen van de geest, angst, jaloezie, woede, depressie, frustratie, onwetendheid, niet mijn eigenschappen. Het zijn slechts veranderlijke eigenschappen van de substantie die geest wordt genoemd. Ik ben de getuige van de geest en zijn veranderende eigenschappen. Op deze manier komen we tot een zeer raadselachtige waarheid, die precies tegenovergesteld is aan hoe we oorspronkelijk dachten. Voorheen dachten we: ik ervaar verdriet. Daarom ben ik verdrietig. En nu, met de visie van Vedāntisch onderscheid, beseffen we: "Ik ervaar verdriet, daarom ben ik niet verdrietig." Als de bedroefde de ātmā zou zijn, zou dit een ander ātmā vereisen om het verdrietige ātmā te kennen. Als dat ātmā gekend zou willen worden, dan zou er weer een ander ātmā nodig zijn, wat leidt tot de logische denkfout van oneindige regressie.

Er is een verhaal dat dit punt illustreert: Een zakenman wordt zeer depressief. Zijn hele leven heeft hij besteed aan het vergaren en verzamelen van steeds meer rijkdom. Op een dag, wordt hij ziek. Hij gaat naar de dokter die zegt: "Het spijt me vreselijk, maar u heeft nog zes maanden te leven, hooguit een jaar." Het leven van de zakenman flitst aan hem voorbij. Hij beseft dat al zijn geld binnenkort nutteloos zal zijn. Zijn mooie auto's, zijn Rolexen, zijn vrouw om mee te pronken, hij zal niets van dat alles mee kunnen nemen. Een maand lang zakt hij weg in een depressie. Dan zeggen zijn vrienden: "Dit kan zo niet langer. We hebben gehoord van een sādhu die vlakbij in een bos woont. Hij schijnt heel wijs te zijn. Misschien kan hij je helpen."

Dus gaan ze op weg en al snel vinden ze de sādhu. De man vertelt hem zijn probleem, zowel over zijn ziekte als over zijn diepe depressie. De sādhu zegt: "Dus, je ervaart depressies?" De zakenman zegt: "Ja, daarom ben ik hier. Om ervan af te komen." De sādhu zegt dan: "Wel, als je een depressie ervaart, dan kun je niet depressief zijn." En de sādhu begon de man alles uit te leggen wat wij besproken hebben: hoe het subject nooit zijn eigen object kan zijn, enz. En de zakenman wordt plotseling blij. Hij realiseert zich dat hij niet depressief was; zijn geest was depressief. En dat besef verminderde het tumult dat zijn geest ervaarde. Toen realiseerde hij zich dat zelfs zijn ziekte bij het lichaam hoorde en ook niet bij hem. Hij, het ware Zelf, was helemaal niet ziek. En deze verandering van inzicht maakte hem nog gelukkiger. Tenslotte wierp de zakenman zich aan de voeten van de sādhu en zei: "O Swāmīji, u bent een verlichte meester. Ik ben zo gelukkig!" Hierop zei de sādhu: "Nee, jij bent niet gelukkig. Je bent degene die zich bewust is van de gelukzaligheid die in de geest weerspiegeld wordt. Jij, het eeuwige subject, kunt nooit het object van je eigen ervaring zijn."

3

Een in tweeën geknipt doek

Amma zegt ons vaak dat we siṁhāvalokana-nyāya moeten gebruiken, het principe van de achterwaartse blik van de leeuw. Als een leeuw vooruitloopt, stopt hij af en toe om over zijn schouder achterom te kijken. Amma zegt dat we hetzelfde moeten doen in het spirituele leven. Af en toe moeten we stoppen en achteromkijken om te zien waar we geweest zijn en om er zeker van te zijn dat we nog steeds vooruitgang boeken. Laten we dus, voordat we verder gaan, even terugblikken.

We willen de ware aard van het Zelf kennen omdat de mahātmā's en de geschriften zeggen: tarati śokam ātmavit "Degene die zichzelf kent, overstijgt verdriet." Tegelijkertijd wordt ons verteld dat we nooit in staat zullen zijn het Zelf als een object van de geest of de zintuigen te kennen. Zodoende hebben we besloten dat de beste manier om tot het Zelf te komen het proces van uitsluiten is, het wegstrepen van alle dingen die het Zelf niet kunnen zijn. Voor dit doel volgden we de methode van onderscheid maken tussen onszelf en alle objecten die we ervaren. We deden dit door de logische waarheid te begrijpen dat het ervarende subject nooit het ervaren object kan zijn. Op deze manier konden we de gebruikelijke mogelijkheden doorstrepen: het fysieke lichaam, de levenskracht die het lichaam in stand houdt, de geest en het intellect, ons zelfbesef met de gedachten ik doe, ik ervaar en ik denk. We hebben zelfs ervaren geluk ontkracht; het is niet-Zelf. Ze hebben allemaal een gelijkluidend alibi: "Jij ervaart mij, daarom kan ik jou niet zijn."

Hier raken sommigen in verwarring. Omdat het begint te klinken alsof we helemaal niets zijn, een ui zonder binnenste. Alles wat we ooit gekend hebben is logisch ontkend en afgepeld als "niet ik". Het idee dat we uiteindelijk niets zijn, wordt śūnya-vāda genoemd, de theorie van de leegte. Sommige grote logici hebben geconcludeerd dat dit de werkelijkheid is. Gelukkig komen nog grotere logici, zoals Śaṅkarācārya, ons te hulp met de parabel van de tiende man.

Er waren eens tien brahmacārīs die op pelgrimstocht wilden gaan naar een tempel, op een afstand van een dag lopen. De guru gaf de oudste de leiding en zei hem ervoor te zorgen dat iedereen heelhuids terugkwam. Ze gingen te voet op weg. Na een paar uur kwamen de brahmacārīs bij een rivier en moesten naar de overkant waden. Toen ze de andere oever opklommen, telde de leider iedereen om er zeker van te zijn dat niemand was verdronken. Maar toen hij telde, kwam hij maar tot negen mensen. Hij raakte in paniek. "Is één van ons verdronken? Wie ontbreekt er?" In paniek herhaalde hij zijn telling, maar weer telde hij er maar negen. Tenslotte kwam er een dorpsschipper langs. Toen hij zag dat de discipelen in paniek waren, vroeg hij wat het probleem was. De oudste brahmacārī legde het hem uit. De bootsman barstte onmiddellijk in lachen uit: "Dwaas! Je hebt jezelf niet meegeteld. Jij bent de tiende man."[12]

---

[12] Naar de parabel van de tiende man wordt verwezen door Śaṅkarācārya in zijn commentaar op Bṛhadāraṇyaka Upaniṣad, 1.4.7 en op de Taittirīya Upaniṣad, 2.1.1, en ook in zijn verhandeling Upadeśa Sāhasrī. Het volledige verhaal wordt verteld in het zevende hoofdstuk van een veertiende eeuwse verhandeling genaamd Pañcadaśī, geschreven door Swāmī Vidyāraṇya.

Precies hetzelfde gebeurt er met ons wanneer we, nadat we onszelf hebben onderscheiden van de pañcakośas, in paniek raken en denken: "Mijn God! De nihilisten hadden gelijk, uiteindelijk is er echt niets meer!" Gelukkig vergeten we hier, net als de oudste leerling, onszelf mee te tellen.

Dus zelfs in de zogenaamde śūnyaṁ, leegte, vacuüm, het niets, zijn we er nog steeds, terwijl we de śūnyam observeren. Als wij er niet zouden zijn0, wie is er dan om die śūnyam waar te nemen? Dus zelfs wanneer alles wat we ervaren is weggestreept, blijven wijzelf, het ultieme subject, de waarnemer, het getuige-bewustzijn, bestaan. Dat is wie wij zijn: het zuivere, absolute bewustzijn dat nooit een object is, maar altijd het subject. Amma zegt: "Wanneer je de waarheid realiseert dat 'ik niet het lichaam ben, ik ben het Zelf - het zuivere bewustzijn', op dat moment is ware kennis geboren."

Hoe eenvoudig dit op papier ook lijkt, deze kennis is niet gemakkelijk in ons op te nemen. Dit komt doordat alles wat we tot nu toe ooit gekend hebben, sinds mensenheugenis, een object is geweest. Het is dus niet meer dan natuurlijk om de ātmā ook als een ander object te willen kennen. Het kennen van het Zelf is echter niet hetzelfde als het kennen van een object, omdat het 'ding' dat wij willen kennen helemaal geen ding is. Het is de kenner van alle dingen. In alle andere vormen van kennis objectiveren we de entiteit die we kennen; hier begrijpen we dat het het subject is.

Het ontkennen van alle waargenomen verschijnselen en tot onszelf komen als het getuige-bewustzijn is de essentie van de stotraṁ geschreven door Śaṅkarācārya die Amma regelmatig zingt, *Nirvāṇa Ṣaṭakam*:

manobuddyahaṅkāra cittāni nāhaṁ
na ca śrotra-jihve na ca ghrāṇa-netre |
na ca vyoma bhūmirna tejo na vāyuḥ
cid-ānanda-rūpaḥ śivo'haṁ śivo'ham ||

na ca prāṇa-saṁjño na vai pañca-vāyuḥ
na vā sapta-dhātuḥ na vā pañcakośaḥ |
na vāk-pāṇi-pādaṁ na copasthapāyu
cid-ānanda-rūpaḥ śivo'haṁ śivo'ham ||

na me dveṣa-rāgau na me lobha-mohau
mado naiva me naiva mātsarya-bhāvaḥ |
na dharmo na cārtho na kāmo na mokṣaḥ
cidānanda-rūpaḥ śivo'haṁ śivo'ham ||

Niet de geest ben ik, het intellect, de ahaṅkāra of het geheugen; niet de oren of het smaakzintuig,

> niet de neus of de ogen; ook de elementen van ruimte, aarde, vuur of wind ben ik niet. Ik ben Śiva wiens natuur bewustzijn-gelukzaligheid is; ik ben Śiva.
>
> Ik ben niet wat ze prāṇa noemen, noch de vijf winden, noch de zeven materialen, noch de pañcakośas. Ik ben niet het spraakorgaan, de handen, de voeten, of het geslachtsorgaan. Ik ben Śiva wiens natuur bewustzijn-gelukzaligheid is; ik ben Śiva.
>
> Ik heb geen voorkeur of afkeer, geen hebzucht of begoocheling, geen arrogantie, zelfs geen gevoel van jaloezie. Ik hoef geen dharma, veiligheid, plezier of bevrijding. Ik ben Śiva wiens natuur bewustzijn-gelukzaligheid is; ik ben Śiva.

Het proces van ontkenning dat in deze verzen wordt beschreven, laat ons achter in de overtuiging dat ik het enige ben wat overblijft wanneer al het andere is ontkend: ik ben het zuivere bewustzijn. Maar Śaṅkarācārya zegt niet alleen cid-rūpa, je aard is bewustzijn. Hij zegt cid-ānanda-rūpa, je wezen is bewustzijn-gelukzaligheid. En waar zijn we naar op zoek geweest? Niet naar bewustzijn. Onze zoektocht, de zoektocht van de hele mensheid, is naar gelukzaligheid, vreugde, vrede, naar het gevoel van onpeilbare liefde. Niet waar? Waar is dan de gelukzaligheid?

We kunnen door dit proces van onderscheid maken, ātma-anātma viveka, onbeschrijfelijk veel vrede en geluk ervaren. Als we door dit proces onderscheid leren maken tussen wie we zijn aan de ene kant en het lichaam-geest complex aan de andere kant, is dat een heel grote sprong voorwaarts op ons spirituele pad. Want alleen hierdoor gaan we begrijpen dat al onze zogenaamde problemen in werkelijkheid helemaal niet onze problemen zijn. Lichamelijke problemen, gezondheidsproblemen, schoonheidsproblemen enz. horen bij het fysieke of fysiologische lichaam, niet bij mij. Emotionele problemen, woede, jaloezie, een minderwaardigheidscomplex, angsten, horen bij de geest, niet bij mij. Zo zijn ook cognitieve problemen, geheugenproblemen, problemen met begrijpen, enz. niet van mij. En hoe zit het met mijn relatieproblemen? Problemen met mijn vrienden, gezin en collega's? Zijn deze problemen mijn problemen, problemen van zuiver bewustzijn? Onmogelijk. Alle relaties zijn gebaseerd op het lichaam en de geest, verbindingen op fysiek, emotioneel of intellectueel niveau. Dergelijke problemen zijn dus ook niet mijn problemen. Zoals Amma zegt: "Wanneer we weten dat we voorbij dit lichaam zijn, dat we het eeuwige principe zijn, het allerhoogste bewustzijn en dat niets onze ware aard kan raken, verdwijnt de onzekerheid. Met zo'n overtuiging kun je in elke situatie onbevreesd zijn. Zelfs als er een aardbeving of tsunami komt, heb je een houding van acceptatie, waarbij je begrijpt dat alleen de uiterlijke wereld geschaad kan worden, niets kan het ware ik raken. Dan kunnen we alle soorten angst en onzekerheid overwinnen, of het nu angst is om onze status kwijt te raken of angst voor de dood. Al deze angsten verdwijnen wanneer je weet dat je ware aard voorbij al deze veranderingen is. Wanneer je begrijpt dat dit eeuwige principe door niets kan worden geraakt, blijf je in elke situatie onbevreesd. Alle ervaringen, zoals geluk en verdriet, belediging en lof, hitte en koude, geboorte en dood, gaan gewoon langs je heen. Je bent voorbij dit alles, als de getuige, het ware substraat van alle ervaring, die alles als een speels kind aan het bekijken is."

In Amma kunnen we goed zien hoe vredig iemand kan zijn als hij zich niet identificeert met het lichaam-geest complex en de eindeloze problemen van de wereld. Ik zal een voorbeeld geven. In Kerala is veel sensatiepers in de plaatselijke taal. De meeste van deze roddelbladen hangen ongenuanceerd een bepaalde ideologie aan. Om wat voor reden dan ook is het idee dat er zoiets als zelfrealisatie bestaat en dat dit culmineert in goddelijke onbaatzuchtigheid, een gruwel voor sommige van deze groepen. Daarom wordt Amma zo nu en dan aangevallen met artikelen die niet op feiten gebaseerd zijn. Onlangs nog schreef iemand dat Amma had verkondigd dat ze nooit zal sterven, omdat ze zichzelf eerst in een zwarte rots zal veranderen. Natuurlijk heeft Amma dit niet gezegd. Hij probeerde Amma zwart te maken om op die manier het vertrouwen van de devotees te schaden. Alleen dan zouden de devotees misschien overwegen op zijn politieke partij te stemmen, die sterk atheïstisch is en niet gelooft in zelfrealisatie.

Ongeveer 30 jaar geleden schreef zo'n krant ook al een kwaadaardig verhaal, waarin Amma's karakter werd aangevallen. We hadden toen nauwelijks kranten in de āśraṁ, maar enkele devotees die het artikel hadden gelezen voelden zich zwaar gekwetst en brachten mij hiervan op de hoogte. Toen ik het artikel las, werd ik ook kwaad. Zodra ik de kans kreeg, ging ik naar Amma toe om uit te leggen wat ze geschreven hadden. De belangrijkste beschuldiging was dat Amma en de bewoners van de āśraṁ een tunnel onder de āśraṁ hadden gegraven naar het midden van de Arabische Zee, waar drugs doorheen werden gesmokkeld. Daar zou een schip van de CIA liggen om ze te verschepen naar Amerika. De 'journalist' refereerde tevens op een respectloze manier naar Amma door haar geboortenaam Sudhamani te gebruiken.

Toen ik dit allemaal aan Amma vertelde, zei ze: "Maar zoon, je weet toch dat allemaal niet waar is. Waarom stoort het je dan zo?"

Ik zei: "Amma, dat kan wel zo zijn, maar ik kan deze belediging van uw naam niet verdragen."

En toen zei Amma iets wat me zeer van mijn stuk bracht. "Waarom zou het mij storen? Ik ben Sudhamani niet."

Dit was een uiting van Amma's viveka. Amma herinnerde me eraan dat zij vereenzelvigd is met het zuivere bewustzijn dat het Zelf is. Als iemand denkt dat hij Amma aanvalt door dit vrouwenlichaam van ruim anderhalve meter met een donkere huidskleur en een neusring te bespotten of te belasteren, dan is hij een dwaas.

Ooit vroeg een filmmaker die een documentaire over interreligieuze harmonie maakte, Amma om zich voor te stellen met: "Hallo, ik heet Sri Mata Amritanandamayi en ik ben een hindoeïstisch spiritueel en humanitair leider uit India." Amma heeft zoiets nog nooit in haar leven gezegd. Daarom kon ze alleen maar glimlachen toen de documentairemaker haar vroeg dit te zeggen. Toen Amma na een tijdje hoorde dat elk deel van de documentaire werd gewijd aan mensen van verschillende religies die zich allemaal op deze manier voorstelden, kreeg ze medelijden met de regisseur. Ze wilde zijn plannen niet verpesten. Dus zei Amma plotseling: "Mensen noemen deze zichtbare vorm 'Amma' of 'Mata Amritanandamayi Devi', maar het inwonende Zelf heeft geen naam of adres. Het is alomtegenwoordig."

Door ātma-anātma viveka proberen we alle dingen langzaam op deze manier te bekijken. Dit betekent niet dat we onze verantwoordelijkheden opgeven. Het grootste deel van onze problemen moeten we zo goed mogelijk en in overeenstemming met dharma aanpakken. Dus we moeten onze relaties onderhouden, voor onze gezondheid zorgen, ons gezin en onze bankrekening. Wij moeten onze plichten op het werk vervullen. We moeten als spirituele aspiranten doen wat we kunnen om een gedisciplineerde, vredige en met waarden verrijkte geest te ontwikkelen en te handhaven. Maar wie is degene die die plicht heeft? Zelfs dat zijn wij niet. Het is de plicht van de *ahaṅkāra*, het ego. Wíj zijn de waarnemer van de inspanningen van de *ahaṅkāra*, van zijn successen en mislukkingen.

Als we op deze manier contempleren, ontdekken we dat deze reflectie in ieder geval wat ruimte creëert tussen ons en onze problemen. Als we ons aan deze visie houden, zal die ruimte geleidelijk groter worden. Op het niveau van het ego voeren we nog steeds onze interne en externe taken uit. Maar op het niveau van het nieuw ontdekte ware Zelf, is er niets te doen. We zijn slechts de getuige die nooit verstoord raakt, zelfs niet als onze geest verstoord raakt. Alles wat we waarnemen, zelfs de geest in uiterste stress en spanning, zijn wij niet. Wij zijn alleen het getuige-bewustzijn.

Op deze manier komen we ertoe het hele universum te reduceren tot slechts twee dingen: onszelf; het getuige-bewustzijn dat niet ervaren kan worden, en al het andere. Momenteel beschouwen we alles buiten ons lichaam als de wereld. Maar in het eerste stadium van Vedānta leren we om alle dingen die we voorheen als deel van onszelf beschouwden, buiten onszelf, in de wereld te plaatsen. Het lichaam, de levensenergie, de geest, het intellect, zelfs het gevoel degene die handelt te zijn, dit alles beschouw ik niet langer als mijzelf. Net zoals we altijd hebben begrepen en ervaren dat de wereld van ons gescheiden is, zo leren we nu ook om dit lichaam-geest complex als gescheiden van onszelf te ervaren. Het is gewoon een deel van de kosmos, maar dan een deel van de kosmos waar ik, het observerend-bewustzijn, een intiemere toegang toe heb. Deze opvatting wordt op verschillende plaatsen in de Gītā tot uitdrukking gebracht:

naiva kiṁcit-karomīti
yukto manyeta tattvavit |
paśyañśṛṇvan-spṛśaṇ-jighran
aśnan-gacchan-svapañśvasan ||
pralapan-visṛjan-ghṛṇan
unmiṣan-nimiṣannapi |
indriyāṇīndriyārtheṣu
vartanta iti dhārayan ||

"Ik doe helemaal niets," behoort de wijze die in het Zelf gecentreerd is te denken. Hoewel hij ziet, hoort, aanraakt, ruikt, eet, gaat, slaapt, ademt, spreekt, loslaat, vasthoudt, zijn ogen opent en sluit, staat hij standvastig in de gedachte dat de zintuigen zich bewegen tussen zintuiglijke objecten.[13]

En:

tattvavit-tu mahābāho
guṇa-karma-vibhāgayoḥ |
guṇā guṇeṣu vartanta
iti matvā na sajjate ||

Maar, o sterk bewapende, hij die de waarheid kent over het verschil tussen 'zichzelf' en de guṇā's en tussen 'zichzelf' en karma, en die

---

[13] Bhagavad-Gītā, 5.8-9

> denkt "de zintuigen rusten op de objecten van de zintuigen", hij raakt niet gehecht.[14]

Elke keer als we wakker worden, is dit onze ervaring. In de droomloze slaap is bijna alles wat ervaren kan worden, opgelost. De wereld is weg. Ons lichaam en onze zintuigen zijn weg. Zelfs onze geest en ons gevoel van individualiteit zijn weg. De enige ervaring is onwetendheid en een tijdloze gelukzalige vrede. Maar dan worden we wakker en één voor één keren alle waarneembare verschijnselen terug. Het eerste wat terugkeert is de ahaṅkāra, het ik-besef van een beperkt individu. Dan, nog voordat we onze ogen openen, komt het geheugen terug dat ons herinnert aan alle relaties die we hebben met andere mensen en de wereld. Tegelijkertijd komen al onze verantwoordelijkheden in verband met die relaties terug. Plotseling herinneren we dat we naar ons werk moeten, de hond eten moeten geven, de kinderen naar school moeten brengen, enz. Dan openen we onze ogen en de wereld verschijnt. De wereld die we altijd als 'anders' dan ik beschouwen. Maar als we over dit proces van wakker worden nadenken, dan

---

[14] Ibid, 3.28

gaan we zien dat al die andere lagen van ervaring ook 'anders dan ik' zijn.

In dit verband moet ik aan een grap denken. Ooit werd een man voor de rechter gedaagd, omdat hij een andere man geschopt had. Nadat de rechter de aanklager had gehoord, vroeg hij aan de gedaagde: "Waarom deed je dit?" De man antwoordde: "Ik heb het niet gedaan. Mijn been heeft het gedaan."

De rechter keek naar de man en zei glimlachend: "Oké, slimmerik. Dan kan het been naar de gevangenis, met of zonder jou!"

De gedaagde vertrok geen spier. Hij stond op, schroefde zijn namaakbeen los en overhandigde het aan de rechter.

Neem deze grap niet te serieus. Een ware mahātmā zal nooit een misdaad begaan of proberen zich aan verantwoordelijkheden te onttrekken omdat hij zich niet met het lichaam identificeert. De jarenlange discipline van de geest en de zintuigen die nodig is om zo'n realisatie te bereiken en daarin standvastig te zijn, maakt dat ze anderen eenvoudigweg geen schade meer kunnen berokkenen in gedachten, woorden of daden. Daarnaast kunnen ze letterlijk geen vlieg meer kwaad doen omdat ze alle wezens als één zien met zichzelf. Amma's persoonlijke verzorgster Swamini Srilakshmi Prana zegt dat Amma haar zelfs gevraagd heeft te proberen de muggen met de hand de kamer uit te dragen. Zo groot is het mededogen van een echt gerealiseerde ziel. Het verhaal van de man met één been illustreert enkel het perspectief van de ātma-jñānī, dat het lichaam, de geest en zelfs het besef dat wij degenen zijn die handelen en de vruchten van onze daden plukken, deel uitmaken van de wereld en niet van 'mij'.

Hoe beter we hierin slagen, hoe vrediger we zullen zijn en hoe gelukkiger. Want door afstand te nemen van het lichaam, de geest en het intellect nemen we afstand van letterlijk alle problemen in ons leven. We zijn niet langer geïdentificeerd met onze daden en hun resultaten. Een dergelijke identificatie is de oorzaak van al onze stress, spanning en angst. Dus, als we op zoek zijn naar vrede en geluk, dan is het zeer nuttig om vanuit ātma-anātma viveka tot het ware Zelf te komen. We zijn al een heel eind opgeschoten.

4

Ben ik al verlicht?

Op onze reis naar vrede en geluk hebben we een enorme sprong voorwaarts gemaakt. We hebben de hele werkelijkheid, met zijn oneindige onderdelen, teruggebracht tot slechts twee elementen: ātmā en anātmā. Deze elementen hebben vele verschillende namen: Zelf en niet-Zelf, ziel en materie, puruṣa en prakṛti, sākṣī en sākṣyaṁ (getuige en dat waarvan men getuige is), dṛg en dṛśyaṁ (ziener en het geziene), enz. Hoe je ze ook noemt, uiteindelijk zijn ze niets anders dan 'ik' en 'de wereld'. We zijn dus al een heel eind op weg.

Is dit dan de kennis die we bedoelen met ātma-jñānaṁ? Is dit het einde van onze reis? We hebben in ieder geval een nieuwe zelfdefinitie. Voorheen zagen we onszelf als een mengeling van bewustzijn en het lichaam-geest complex. Nu zien we dat we alleen het bewustzijn zijn. Was ons doel niet een diepere, foutloze kennis van wie we werkelijk zijn?

Sommige scholen van spiritueel denken gaan niet verder dan deze indeling. Advaita Vedānta zegt echter dat deze kennis jammerlijk onvolledig is. Want we zijn nu zover gekomen dat onze ware aard zuiver bewustzijn is, maar we hebben nog steeds weinig of geen begrip van de aard van bewustzijn. Bovendien bevinden we ons nog steeds duidelijk in dualiteit. De wereld tot twee reduceren is nog niet haar tot één reduceren. En spirituele meesters zoals Amma en Ādi Śaṅkarācārya zeggen allemaal ondubbelzinnig dat de ultieme waarheid advaita, niet twee, is.

Hier kunnen we ons afvragen of we onze aard werkelijk zo gedetailleerd moeten kennen. Is een algemene kennis "ik ben zuiver bewustzijn" niet voldoende? Hoewel een algemene kennis van het Zelf nuttig is, schiet het te kort. Laten we eens terugkijken naar de dialoog tussen Maitreyī en Yājñavalkya, waarmee we dit boek begonnen. Toen Maitreyī de helft van Yājñavalkya's materiële bezittingen aangeboden kreeg, vroeg zij haar echtgenoot:

yannu ma iyaṁ bhagoḥ sarvā pṛthivī vittena
pūrṇā syāt syāṁ vahaṁ tenāmṛtā'ho neti |.

> "Heer, zelfs als deze aarde vol schatten van mij wordt, zal ik daardoor onsterfelijkheid bereiken of niet?"[15]

Maitreyī begreep dat als ze niet onsterfelijk was, alle schatten van de aarde bij haar dood waardeloos voor haar zouden worden. Ook al had ze het hier over materieel comfort en genoegen, we kunnen dezelfde vraag doortrekken naar de algemene ontdekking dat onze ware aard zuiver bewustzijn is: "Is dat zuiver bewustzijn dat ik ben, eeuwig of niet?" Dit is een belangrijke vraag, want vanuit het ultieme perspectief mag ik dan onaangetast zijn door en niet verbonden zijn met het lichaam, de geest, de zintuigen en de zintuiglijke objecten van de wereld, maar als het bewustzijn met de dood van het lichaam sterft, wat is dan het verschil tussen onze zienswijze en die van een atheïst? Hoe zal spiritualiteit mij onbevreesd maken als ik altijd, bewust of onbewust, bang ben voor mijn onvermijdelijke ondergang? Ik zou dus, tenminste wat mijn levensduur betreft, de specifieke aard van dit bewustzijn moeten kennen.

---

[15] Bṛhadāraṇyaka Upaniṣad, 4.5.3

Bovendien, ik mag dan zuiver bewustzijn zijn, maar hoe zit het met mijn dierbaren? Zijn zij ook zuiver bewustzijn? Zo ja, is het zuivere bewustzijn dat ik ben anders dan het zuivere bewustzijn dat zij zijn? En wat is die 'eenheid' waar de spirituele meesters het over hebben? Al deze vragen kunnen alleen opgehelderd worden als onze algemene kennis van onze aard verfijnd wordt tot een meer gedetailleerde en specifieke kennis.

Aan het begin van onze reis kozen we ervoor het dṛg-dṛśya viveka model te gebruiken om tot onze ware aard te komen, omdat het geen kennis van Vedāntische geschriften of vertrouwen in de woorden van de spirituele meesters vereiste. Alles wat we nodig hadden was het toepassen van observatie en logica. Dat voertuig heeft ons tot nu toe goed gediend. Bij wat we nu echter gaan beschouwen, zal zuivere logica niet langer volstaan. Zoals de Kaṭha Upaniṣad zegt:

> *naiṣā tarkeṇa matirāpaneyā proktānyenaiva sujñānāya preṣṭha.*
>
> Geliefde, deze kennis kan niet worden verkregen door logica; alleen wanneer het wordt onderwezen door iemand die gevestigd in de waarheid is, zal het heldere kennis worden.[16]

Dit betekent niet dat we logica verwerpen. Het blijft een onmisbaar hulpmiddel. Maar in plaats van het alleen te gebruiken om gegevens te analyseren die via de zintuigen binnenkomen, zullen we het nu ook gebruiken om gegevens te analyseren die uit de geschriften zijn verkregen.

In Vedānta horen we vaak de uitdrukking śruti-yukti-anubhava in verband met zelfkennis. Het betekent dat we śruti, waarheden uit de geschriften, moeten gebruiken, yukti, logica en anubhava, ervaring. Ook al gebruiken we ze alle drie, we stellen toch dat ātma-jñānaṁ enkel uit de waarheden van de geschriften voortkomt. Hier nemen logica en ervaring een ondergeschikte plaats in. We blijven onze logica gebruiken, maar vooral om het standpunt van de guru en de geschriften te verdedigen tegen

---

16 Kaṭha Upaniṣad, 1.2.9

tegenovergestelde standpunten en andere misvattingen. Hoewel logica en ervaring de waarheid niet kunnen onthullen, kunnen ze hem ook niet ontkennen. Als ze deze lijken te ontkennen, dan hebben we ofwel de leer verkeerd begrepen of onze logica is gebrekkig of we hebben onze ervaring verkeerd begrepen. We verwerpen nooit logica noch de waarde van onze objectieve ervaring, maar wij moeten wel hun beperkingen begrijpen.

Dit is een van de redenen waarom Vedānta nooit zonder een guru bestudeerd moet worden. Want zonder guru zal alle kennis die we opdoen, beperkt blijven tot zintuiglijke waarneming en logische redenering. We zullen geen toegang hebben tot de ultieme waarheid, die het bereik van zintuiglijke kennis en logica overstijgt. Dit is iets wat Śaṅkarācārya altijd benadrukt. In zijn inleidend commentaar op de *Kena Upaniṣad* zegt Śaṅkarācārya dat dit een van de redenen is waarom de geschriften bijna altijd worden gepresenteerd in de vorm van een dialoog tussen de leerling en de guru. Daar zegt hij: "Het onderricht is in de vorm van vraag en antwoord tussen leerling en leraar om het eenvoudiger te maken, aangezien het subject subtiel is, en omdat het subject niet door onafhankelijke logica gekend kan worden."[17]

In spiritueel onderzoek kan zelfanalyse, geworteld in onafhankelijke logica, tragikomisch worden. Een grap van Amma illustreert dit. Er was eens een man die voor een ezel een emmer water en een emmer whisky neerzette. Toen hij zag dat de ezel alleen het water dronk, concludeerde hij logischerwijs: "Iedereen die geen alcohol drinkt, is een ezel."

Dat logische zelfanalyse ons maar tot op zekere hoogte tot het spirituele leven kan brengen, is wat Amma bedoelt als ze zegt dat we een mix van hoofd en hart nodig hebben. "Het intellect is een schaar," zegt Amma. "Het zit in zijn natuur om alles te verknippen en te verdelen. Aan de andere kant is het hart te vergelijken met een naald die objecten en mensen verbindt aan de draad van liefde. Wanneer we meer belang hechten aan het intellect, wordt het leven leeg en zonder glans. Alleen liefde geeft zin en zoetheid aan het leven. Amma zegt

---

[17] *śiṣyācārya-praśna-prativacana-rūpeṇa kathanaṁ tu sūkṣma-vastu-viṣayatvāt sukha-pratipatti-kāraṇaṁ bhavati | kevala-tarkāgamyatvaṁ ca darśitaṁ bhavati |*

niet dat het intellect niet nodig is. Maar beide hebben hun eigen plaats en betekenis."

Met de schaar van het intellect maakten we een scheiding tussen ons, het zuivere bewustzijn, en de uiterlijke wereld plus alle aspecten van ons die we ten onrechte als 'ik' hadden opgevat. Maar dat proces is niet het einde. Om onze kennis volledig te maken hebben we Amma's naald nodig. Alleen door deze naald te gebruiken laten we dvaita, dualiteit, achter ons en bereiken we advaita, non-dualiteit, eenheid. Waarom zegt Amma dat het hart hiervoor nodig is? Omdat we hier ontdekken dat vertrouwen in de leringen van de guru en de geschriften essentieel is.

5

De naald en draad van het hart

Met het intellect hebben we 'wie we zijn' gereduceerd tot het getuige-bewustzijn. Zoals we hebben gezien, is dit getuige-bewustzijn, altijd het subject en nooit het object. Daarom is zijn aard totaal niet kenbaar door de zintuigen of de geest. Want alles wat we weten komt ofwel direct binnen via onze zintuigen van zien, horen, enz., ofwel indirect door verschillende cognitieve functies zoals gevolgtrekking, veronderstelling, vergelijking, enz.[18] Kennis die indirect wordt verkregen vereist gegevens en die gegevens moeten worden verkregen via de zintuigen. Daarom vereist de volgende stap

---

[18] Volgens de Vedische kennisleer zijn er zes *pramāṇams*, geldige manieren om kennis te verwerven. Dit zijn *pratyakṣa*, zintuiglijke waarneming; *upamāna*, vergelijking; *anupalabdhi*, niet waarneming; *anumānam*, gevolgtrekking; *arthāpatti*, veronderstelling en *śabda*, getuigenis.

vertrouwen. Want de guru en de geschriften zijn onze enige bronnen voor gegevens over de specifieke aard van de ātmā.

Vedānta spreekt van twee soorten kennis: pauruṣeya kennis en apauruṣeya kennis. In het Sanskriet betekent puruṣa 'menselijk wezen'. Pauruṣeya betekent 'dat wat van een menselijk wezen afkomstig is'. Bijvoorbeeld 'vuur is heet' is pauruṣeya kennis, kennis die gemakkelijk beschikbaar is voor alle mensen. Ieder mens met goed functionerende verstandelijke vermogens kan leren dat 'vuur heet is'. Die persoon kan deze kennis dan aan andere mensen doorgeven. Of we 'vuur is heet' nu leren door ons eigen contact met vuur of door de waarschuwing van iemand anders, de oorsprong van die kennis is pauruṣeya, van menselijke oorsprong.

Neem aan de andere kant de wet van karma, het idee dat al onze handelingen niet alleen zichtbare gevolgen hebben vanwege de fysieke handeling, maar ook een subtiel, uitgesteld resultaat op basis van ons motief. Ook al noemen we dit in de spiritualiteit een wet, het is geen feit zoals 'vuur is heet', wat onafhankelijk door iedereen kan worden geleerd. Je kunt er theorieën over vormen, maar het kan niet categorisch gekend worden. Daarom is de wet van karma geen pauruṣeya kennis, maar apauruṣeya kennis, kennis waarvan de autoriteit niet van menselijke oorsprong is. Apauruṣeya kennis heeft slechts twee bronnen: de geopenbaarde geschriften zoals de Veda's en mensen die deze kennis hebben bereikt.

De meeste gurus hebben hun kennis via een guru-leerling overlevering verkregen. De Upaniṣaden geven echter ook voorbeelden van gerealiseerde ātma-jñānīs zoals Vāmadeva, die verlicht werd toen hij nog in de baarmoeder zat.[19] Er wordt gezegd dat hij in zijn vorige leven bij een guru studeerde, maar voor een volledig begrip nog een aantal karmische obstakels had toen hij stierf. Deze werden in de baarmoeder verwijderd en zo bereikte hij verlichting in de baarmoeder. Wanneer we echter de leer van de Upaniṣaden nagaan, vinden we de oorsprong ervan bij God zelf die de eerste discipel onderwees. Dus als de geest zuiver genoeg is, is het wellicht mogelijk om ātma-jñānaṁ zonder guru te bereiken, doordat God zelf kan komen om je te onderwijzen. Over zichzelf zegt Amma: "Vanaf haar geboorte kende Amma haar ware aard en

---

[19] Aitareya Upaniṣad, 2.1.5

de aard van deze wereld." Hoe ontving Amma deze kennis? Verschillende mensen hebben verschillende antwoorden. Sommigen geloven dat Amma een avatāra van de Goddelijke Moeder is; als zodanig is alle kennis alleen van haar. Wat de reden van Amma's kennis ook mag zijn, het is duidelijk dat ze die heeft en dat ze bedreven is in het delen van haar kennis met anderen en het oplossen van hun twijfels.

Ik herinner me dat sommige geleerden lang geleden Amma's mening over een apauruṣeya onderwerp in twijfel trokken, in het bijzonder hoe ze tegen de traditie inging door vrouwen toe te staan om bepaalde rituelen uit te voeren. Omdat het resultaat van aanbidding op basis van rituelen zelf apauruṣeya is, moet wat we wel en niet mogen doen betreffende dit onderwerp ook apauruṣeya zijn. Toen zij Amma's schijnbaar onorthodoxe standpunt weigerden te aanvaarden, zei Amma dat zij wel degelijk een geldige bron had waarom het aanvaardbaar was. Wat was die bron? Amma zei: "Śiva zei dat het prima was."

Hier moeten we begrijpen dat de relevante vraag niet is: "Hoe bereikte Amma ātma-jñānam?" maar "Hoe gaan wij het bereiken?" We hebben twee keuzes: we kunnen de geschriften en de leringen van onze guru bestuderen en er vertrouwen in hebben of we kunnen de traditie terzijde schuiven en gewoon hopen dat we op een mooie morgen verlicht wakker worden. Maar de kijk van de Upaniṣaden op mensen die hopen zelfkennis te bereiken zonder guru is duidelijk:

avidyāyām-antare vartamānāḥ
svayaṁ dhīrāḥ paṇḍitaṁ manyamānāḥ |
jaṅghanyamānāḥ pariyanti mūḍhā
andenaiva nīyamānā yathā'ndhāḥ ||

Verkerend in onwetendheid en denkend: "wij zijn intelligent en geleerd," zwerven deze herhaaldelijk gekwelde dwazen rond als blinden die door blinden geleid worden.[20]

Misschien kunnen we zelf tot de stelling van Pythagoras komen, maar is het niet gewoon gemakkelijker om algebra van een wiskundeleraar te leren? Zoals Amma zegt: "Zelfs voor het strikken van onze veters hebben we iemand nodig die het ons leert. hoe denken we dan de

[20] Muṇḍaka Upaniṣad, 1.2.8, en (met één ander woord) Kaṭha Upaniṣad, 1.2.5

ultieme werkelijkheid over het universum te leren?"

Dit onderwerp is altijd een bron van discussie. Misschien kan het laatste woord hierover als volgt worden weergegeven. In de āśram hadden we eens een verhitte discussie over de vraag of een guru en geschriften nodig zijn. Een bezoeker was onvermurwbaar dat geen van beide vereist waren. Als laatste bewijs zei hij: "Boeddha en zelfs jullie Amma hadden geen guru nodig!" Waarop een brahmacārī antwoordde: "Als je denkt dat je Boeddha of Amma bent, veel succes toegewenst."

"Wat is de ware aard van God? Wat is de ware aard van het universum? Wat is de ware aard van de ziel, van "ik"? Wat is de uiteindelijke oorzaak van onze gevoelens van beperking, frustratie en gebondenheid? Hoe kunnen we zulke gevoelens volledig en permanent overwinnen? Welke middelen staan ons hierbij ter beschikking? Wat is het doel van het menselijk leven?" Filosofen kunnen over dergelijke onderwerpen theoretiseren en speculeren, maar als we ware kennis willen, moeten we ons wenden tot de Upaniṣaden, aanvullende teksten als de *Bhagavad Gītā* en de woorden van mahātmā's als Amma. Alleen zij kunnen met overtuiging en ware autoriteit over zulke onderwerpen spreken. Als zuiverheid van geest voldoende zou zijn om de specifieke aard van het bewustzijn, dat het Zelf is, te kennen, waarom zou dan in de *Kaṭha Upaniṣad* Naciketā, die beschouwd wordt als het summum van mentale zuiverheid en onthechting, een van zijn gunsten wijden aan het vragen aan de God van de Dood naar de aard van het Zelf?[21] Mentale zuiverheid is zeker vereist, maar zelfs als die zuiverheid er is, is een guru essentieel om de wijsheid door te geven.

Daarom is vertrouwen vereist voor onze volgende stap. In feite wordt vertrouwen, śraddhā, gezien als een essentiële eigenschap van een Vedānta-student.[22] Vertrouwen is van

---

[21] De Kaṭha Upaniṣad laat een dialoog zien tussen een jonge leerling, Naciketā, en *guru* Yama, de God van de Dood. In de loop van het verhaal schenkt Yama aan Naciketā drie zegeningen, waarvan Naciketā de derde gebruikt om zijn twijfels over de aard van de *ātmā* te verduidelijken.

[22] Volgens de traditie van de Upanishaden zijn er negen eigenschappen vereist om Vedāntische studie effect te laten sorteren: *viveka, vairāgya, mumukṣutvaṁ, śama, dama, uparama, titikṣā, śraddhā* and *samādhāna,*

vitaal belang, want als we geen vertrouwen hebben in de geschriften en de woorden van de guru, zullen we ze niet als geldige bronnen van kennis beschouwen. Dan zal onze kennis over onze ware natuur nooit standvastig worden. We zullen altijd twijfelen. Daarom is vaste overtuiging van de waarheden in de geschriften essentieel. Dit zal nooit gebeuren als we de kennis die zij over het Zelf uitdragen slechts als 'mogelijke theorieën' beschouwen.

In feite zegt Amma: "Alles vereist vertrouwen, zelfs materiële wetenschappen." Voor niets in deze wereld bestaat een ultiem bewijs. Hoe kunnen we bewijzen dat wat we zien echt is? Kunnen de oren verifiëren dat het waar is? Hoe kunnen we bewijzen dat wat de oren horen echt is? Kunnen de ogen het verifiëren? Zelfs zogenaamde wetenschappelijke wetten zijn vastgesteld volgens het feit dat "nog niet bewezen is dat ze niet waar zijn". Dit komt omdat niets ooit 100% bewezen kan worden.

---

onderscheidingsvermogen, onthechting, verlangen naar bevrijding, mentale discipline, zintuiglijke discipline, terugtrekking, verdraagzaamheid, vertrouwen en concentratie. Die mogen nooit opgegeven worden.

Kurt Gödel (1906-1978) was een logicus, wiskundige en analytisch filosoof die wordt beschouwd als een van de belangrijkste logici ooit. Een van zijn belangrijkste bijdragen worden de onvolledigheidsstellingen genoemd, die hij formuleerde toen hij pas 25 jaar oud was. De essentie van de onvolledigheidsstellingen is, dat als je een stelsel van axioma's hebt die consistent zijn, d.w.z. die niet tegenstrijdig zijn, ze dan noodzakelijkerwijs onvolledig zijn. Een voorbeeld is het Vermoeden van Goldbach, dat zegt: "Elk even getal groter dan 2 is de som van twee priemgetallen.' (Bijvoorbeeld 3+5=8. Drie is een priemgetal. Vijf is een priemgetal. Acht is een even getal). Voor kleine getallen kan dit direct worden geverifieerd. We kunnen het zelf uitrekenen. In 1938 besloot een wiskundige het zelf te verifiëren en kwam tot $n \leq 10^{5}$. Met computers is het geverifieerd tot $n \leq 4 \times 101^{8}$. Maar het vermoeden kan niet categorisch worden bewezen, omdat men daarvoor oneindig veel getallen zou moeten controleren. We kunnen aannemen dat het waar is, maar het kan nooit bewezen worden door onze directe ervaring. Gödel was een mysticus die in God geloofde. Voor hem waren de onvolledigheidsstellingen bevrijdend, omdat ze betekenden dat men zich uiteindelijk moest overgeven en accepteren dat er altijd een element van onbekend mysterie in het leven is.

Zo bestaat de materiële wetenschap ook uit theorieën en wetten, die geen van allen als onschendbaar beschouwd kunnen worden. Er is altijd een kans dat iemand er een weerlegt. Materiële wetenschap is dus altijd werk in uitvoering. Terwijl veel wetenschappelijke theorieën, hoe kritisch ze ook onderzocht zijn, nog steeds de tand des tijds doorstaan, zijn andere die een tijdlang de boventoon voerden, zoals het geocentrische model van het universum, geleidelijk aan verworpen en vervangen door nieuwe, meer plausibele theorieën. Dus zegt Amma: "Vertrouwen is niet het exclusieve domein van spiritualiteit. We zitten hier allemaal ontspannen omdat we erop vertrouwen dat er geen aardbeving plaats zal vinden. We nemen het vliegtuig omdat we erop vertrouwen dat het niet neer zal storten."

Ooit bespraken we met Amma een aantal belangrijke punten van Advaita, in het bijzonder hoe het ware Zelf de bron is van waaruit het hele universum ontstaat. Toen zei Amma: "Dit is iets wat niet bewezen kan worden. Er kan bewijs worden gegeven van een wetenschappelijke oplossing en men kan iets bewijzen dat door de zintuigen kan worden waargenomen. Maar de ātmā gaat de wetenschap of elke waarneming van de zintuigen te boven. Je kunt het niet empirisch bewijzen. Je ervaart het in je."

Amma maakte toen een zeer scherpzinnige opmerking: "Maar vergeet niet dat het de geest is die om bewijs vraagt. De geest die mithyā (onwerkelijk) is, eist dat de satyaṁ (werkelijkheid) bewezen wordt!"

Vertrouwen is dus essentieel. Het is de taak van iedere spirituele zoeker om na te denken over de spirituele waarheden die hij van de guru en de geschriften leert en die af te zetten tegen hun logica en ervaring. Als we dit serieus doen, zullen we deze waarheden geleidelijk aan beginnen te waarderen als plausibele theorieën. Onze logica en ervaring zullen ze niet ontkennen. Je kunt proberen ze te ontkennen, maar je zult falen. Maar tegelijkertijd zul je ze ook niet kunnen bewijzen. Niemand die Vedānta heeft begrepen is ooit in staat geweest het te ontkennen, omdat logica en onze eigen ervaring het niet kunnen tegenspreken. Toch kunnen we spirituele waarheden niet behandelen als 'een theorie-in-ontwikkeling'. Als we dat doen, raken we nooit overtuigd. Aanvaard ze als waarheid, feilloze leringen die rechtstreeks van God komen. Kijk in hoeverre deze waarheden overeenstemmen met je logica en ervaring; zie vervolgens hoe je logica en ervaring ze niet kunnen weerspreken. Raak er dan door je vertrouwen in hun bron van overtuigd dat zij de ultieme werkelijkheid vormen van wie jij bent.

Zo is vertrouwen in de geschriften en de guru als het verkrijgen van een zesde zintuig. Net zoals onze ogen de zichtbare wereld en onze oren de wereld van het geluid x, openbaart de guru de wereld van de apauruṣeya kennis, de waarheid van het Zelf. Zo worden de geschriften en de guru als een spiegel die ons voor de eerste keer ons ware gezicht laat zien.

6

Ons ware gezicht weerspiegeld

In de geschriften is het merendeel van de uitspraken over onze ware aard negatief gesteld. Neem bijvoorbeeld deze beroemde regel uit de *Muṇḍaka Upaniṣad:*

> *yat-tad-adreśyam-agrāhyam-agotram-avarṇam-acakṣuḥśrotraṁ tad-apāṇi-pādam* |
>
> Dat wat onzichtbaar is, ongrijpbaar, zonder oorzaak, zonder eigenschap, geen ogen of oren heeft, geen handen of voeten.[23]

Deze beschrijvingen zijn in termen van wat het ware Zelf niet is. Dergelijke uitspraken komen overeen met de dṛg-dṛśya viveka (onderscheid tussen ziener en geziene), omdat die op dezelfde wijze alle waarneembare dingen die eigenschappen hebben, ontkent. Nogmaals, als je het kunt zien of horen of proeven is het niet het ware Zelf. En

---

[23] Muṇḍaka Upaniṣad, 1.1.6

ook als je het fysiek kunt vasthouden, erover kunt spreken, er tegenaan kunt schoppen, is het niet het ware Zelf. Als het een oorsprong heeft, een ouder of bron waaruit het voorkomt, is het niet het ware Zelf. Bovendien, als het zintuigen heeft zoals ogen of oren of handelende organen als handen of voeten, dan is het niet het ware Zelf.

De geschriften gebruiken deze methode van ontkenning vooral omdat ze weten dat je iets altijd op een bepaalde manier beperkt als je er in positieve termen over spreekt. Wat is het ware Zelf? Jij bent het, niets meer, niets minder. Als je dus wilt weten wat het is, zorg dan dat je weet wie je bent. Alleen dan zul je het weten. Daarom dachten de oude heiligen en wijzen dat het veiliger was om mensen te helpen begrijpen wat het ware Zelf niet was, in plaats van wat het wel was. Vandaar adreśyam-agrāhyam-agotram-avarṇam-acakṣuḥśrotraṁ tad-apāṇi-padam "Onzichtbaar, ongrijpbaar, zonder oorzaak, zonder eigenschap, zonder ogen of oren, handen of voeten." Want als we eenmaal zeggen: "Het Zelf is dit of dat, dan zullen we het opvatten als een object en op zoek gaan naar dat object. Maar het is geen object, niet hier, noch in een andere wereld, noch in meditatie. Jij bent het, het subject. Zoals het gezegde luidt: "De zoeker is het gezochte." Daarom proberen guru's en geschriften positieve uitspraken zoveel mogelijk te vermijden.

Onlangs benaderde een devotee Amma tijdens darśan en vroeg haar: "Wie ben ik?"

Amma's antwoord was automatisch: "Jij bent mij."

De devotee glimlachte, maar wilde dat Amma hem meer vertelde. Hij schudde zijn hoofd in ongeloof en zei: "Kan Amma het uitleggen?"

Amma zei: "Als ik het uitleg, wordt het twee."

Dit doet me denken aan een ander voorval. Een paar jaar geleden, tijdens een tournee van Amma in India, benaderde een jong meisje Amma van opzij tijdens de darśan. Het was behoorlijk druk, maar dit kind slaagde er op de een of andere manier in om de zijkant van Amma's stoel te bereiken. Na een tijdje zei het kleine meisje dat ze een vraag wilde stellen. Amma glimlachte en knikte aanmoedigend met haar hoofd. Ze leunde toen naar rechts, zodat het meisje rechtstreeks in haar oor kon spreken. Iedereen keek toe, terwijl Amma aandachtig luisterde terwijl ze telkens haar hoofd knikte ten teken dat ze alle punten van het kleine meisje gehoord had.

Zodra het meisje klaar was, zei Amma tegen iedereen: "Ze zegt dat haar vader zegt dat Amma Kālī is, terwijl haar moeder zegt dat Amma hun Moeder is, en ze wil weten wie van de twee gelijk heeft."

Amma lachte vrolijk met iedereen mee en glimlachte om de onschuld van het meisje. Toen kneep ze liefdevol in de wang van het meisje en zei: "Wil je weten wie Amma is?"

De ogen van het meisje werden groter en ze knikte.

Amma zei tegen haar: "Als je wilt weten wie *Amma* is, weet dan eerst wie *jij* bent. Dan zul je weten wie Amma is."

Jij bent het Zelf. Het Zelf is ik. Begrijp wie je bent en wees vrij.

Als we echter, afgezien van het ontkennen van wat we niet zijn, inzicht willen krijgen in onze ware essentie op een positieve, verklarende wijze, dan zien we dat de guru en de geschriften die aard uiteindelijk ook onthullen. Die positieve verklaringen zijn in essentie dat het Zelf saccidānanda is: zuiver bestaan, zuiver bewustzijn, zuivere gelukzaligheid.

Cit: zuiver bewustzijn

In saccidānanda betekent het woord cit 'zuiver bewustzijn'. In feite hebben we dit aspect van het Zelf al besproken door dṛg-dṛśya viveka. Door de ontkenning van alle ervaarbare verschijnselen kwamen we uit bij de niet te ontkennen getuige, het bewustzijn, dat zelfs de leegte in diepe slaap verlicht. We vinden vele uitspraken in de Upaniṣaden en de *Bhagavad Gītā* die deze waarheid rechtstreeks verkondigen: prajñānaṁ brahma "Bewustzijn is brahman"[24]; tacchubhraṁ jyotiṣām-jyotiṣiḥ "Het is zuiver, het licht van alle lichten"[25]; yanmanasā na manute yenāhurmano matam "Dat wat de mens niet begrijpt met zijn geest; dat waardoor, naar men zegt, de geest gekend wordt"[26] en kṣetrajñaṁ cāpi māṁ viddhi sarva-kṣetreṣu bhārata "O Bhārata, begrijp dat ik de kenner van het lichaam in alle lichamen ben."[27]

Dit is slechts een kleine selectie. De Upaniṣaden staan vol met zulke schitterende uitspraken, die onze ware aard als zuiver bewustzijn onthullen.

---

[24] Aitareya Upaniṣad, 3.1.3
[25] Muṇḍaka Upaniṣad, 2.2.9
[26] Kena Upaniṣad, 1.5
[27] Bhagavad-Gītā, 13.2

De Upaniṣaden verkondigen eenduidig dat wij niet het lichaam, het verstand, de zintuigen of het intellect zijn. Wij zijn het getuige-bewustzijn daarachter, dat hun aan- of afwezigheid eeuwig verlicht.

Sat: zuiver bestaan

Sat betekent 'zuiver bestaan'. Normaal gesproken, als iemand 'bestaan' zegt, vragen we onmiddellijk: "Waarvan?" Hier hebben we het echter niet over bestaan als een eigenschap van een object, maar over het bestaan zelf, de oorspronkelijke entiteit zonder enige naam of vorm. Dit is omdat bestaan geen eigenschap van het Zelf is. Zoals we zagen bij dṛg-dṛśya viveka, heeft het Zelf geen eigenschappen. Net zoals bewustzijn geen eigenschap van het Zelf is maar het Zelf zelf, zo is ook 'bestaan' het Zelf. Dit is de uiteindelijke betekenis van sat. We vinden deze waarheid verklaard in de Upaniṣaden in een vaak geciteerde mantra:

sad-eva somyedam-agra āsīd-ekam-evādvitīyam |

> In het begin, beste jongen, was dit alles zuiver bestaan, één zonder een tweede.[28]

Als we echter zeggen dat de aard van het Zelf bestaan is, bedoelen we ook dat het eeuwig is. De eeuwigheid van het Zelf wordt in alle Indiase spirituele geschriften verkondigd. In feite is dit het allereerste wat Kṛṣṇa aan Arjuna vertelt over het Zelf.

> *na tvevāhaṁ jātu nāsaṁ*
> *na tvaṁ neme janādhipāḥ |*
> *na caiva na bhaviṣyāmaḥ*
> *sarve vayam-ataḥ param ||*

> Noch ik, noch jij, noch een van deze heersende prinsen was ooit niet-bestaand; noch zullen wij in de toekomst ophouden te bestaan.[29]

Waarschijnlijk koos Kṛṣṇa ervoor Arjuna dit als eerste te leren omdat sterfelijkheid de fundamentele zorg van de mensheid is. Het idee van de dood als totale vernietiging is iets wat niemand kan verdragen. Zonder bevestiging van onze onsterfelijkheid blijft de angst voor het naderende onheil aan ons knagen en overmant

---

[28] Chāndogya Upaniṣad, 6.2.1

[29] Bhagavad-Gīta, 2.12

ons soms, zoals de bekende uitspraak van Tolstoj in zijn verhandeling *Bekentenis*: "Is er enige betekenis in mijn leven die niet zal worden vernietigd door de onvermijdelijkheid van de dood die mij te wachten staat?" Of zoals een komiek grapte: "Ik ben niet bang om te sterven. Ik wil er alleen niet bij zijn als het gebeurt."

Meestal drukken mensen die angst weg, maar hij sluimert niettemin diep van binnen en beïnvloedt onbewust onze gedachten, houdingen en handelingen. Sommige psychologen beweren zelfs dat alle menselijke activiteit in de eerste plaats een poging is om onze kop in het zand te steken en ons naderend onheil te ontkennen. Als we echter vertrouwen hebben in het onderricht van de guru en de geschriften, kunnen we dergelijke onzekerheden van ons afwerpen, omdat de geschriften ons van meet af aan vertellen dat de ātmā eeuwig is. Net zoals er in de Upaniṣaden verklaringen te vinden zijn die onze ware aard als bewustzijn onthullen, zo zijn er ook verklaringen die onze eeuwigheid onthullen: nitya- eeuwig, amṛta- onsterfelijk, ananta- zonder einde, śāvata- tijdloos, sanātana- eeuwig, avināśa- zonder vernietiging, avayava-zonder achteruitgang, enz. De Veda's staan boordevol zulke beschrijvingen van het ware Zelf.

Aangezien Amma weet dat de meerderheid van de mensen bang is voor de dood, herinnert ze iedereen er in haar programma's regelmatig aan dat de dood van het lichaam niet het einde is: "De dood is geen volledige vernietiging. Het is als een punt aan het eind van een zin, waarna we verder schrijven. Zo gaat ook het leven verder." Amma zegt ook: "De dood is als van de ene treincoupé in de volgende stappen. De reis van het leven gaat door totdat we onze ware natuur realiseren."

Als het gaat om de vraag of de ziel sterfelijk of onsterfelijk is, kunnen we niet op pure logica vertrouwen. Logica kan ons onderzoek ondersteunen, maar de bevestiging hiervan moet van een bron komen die buiten de beperkingen van de menselijk geest staat. Maar al te vaak worden mensen die in leven na de dood geloven, beschouwd alsof ze slachtoffers van blind geloof zijn. Maar vanuit een puur logisch standpunt bekeken eindigt dit debat in een gelijkspel. Zoals in *Advaita Makaranda* wordt gezegd:

na ca svajanma nāśaṁ vā
draṣṭum-arhati kaścana |

tau hi prag-uttarābhāva
carama-prathama-kṣanau |

En niemand kan zijn eigen geboorte of ondergang zien, want deze twee zijn (respectievelijk) de laatste en eerste momenten van voorafgaand en opvolgend niet-bestaan.[30]

In het bovenstaande vers wijst de schrijver erop dat bewijs van onze eigen sterfelijkheid uit eigen ervaring onmogelijk is. Als we bewijs willen hebben voor zowel onze eigen dood als onze eigen schepping, dan hadden we daarbij aanwezig moeten zijn vóór onze geboorte of na onze ondergang; beide zijn paradoxale onmogelijkheden. Het punt is dat als we het strikt benaderen vanuit waarneming en logica, er geen stemmen kunnen opgaan voor sterfelijkheid van de ziel, noch voor zijn onsterfelijkheid. Vedānta zegt dat dit op zijn best een patstelling is. Maar in werkelijkheid is onsterfelijkheid in het voordeel, want hoewel we allemaal het bestaan hebben ervaren, heeft niemand ooit 'niet-bestaan' ervaren. In werkelijkheid is het leven na de dood niet het subject van sprookjes,

---

[30] Advaita Makaranda, vers 15, Lakṣmīdhāra Kavi, 15de eeuw.

maar niet-bestaan. Maar zelfs als *Advaita Makaranda's* punt de atheïsten alleen maar in toom houdt, heeft de Vedāntī meer mogelijke zetten dankzij de wijsheid van de guru en de geschriften, die allemaal eenstemmig verklaren dat het Zelf onsterfelijk is.

Hoewel ons bewijs voor de eeuwigheid van het Zelf voortkomt uit het vertrouwen in de guru en de geschriften, gebruiken we hiervoor ook logische argumenten. Een daarvan wordt door Śrī Kṛṣṇa knap in het tweede hoofdstuk van de *Bhagavad Gītā* gegeven.

dehino'smin-yathā dehe
kaumāraṁ-yauvanaṁ jarā |
tathā dehāntara-prāptiḥ
dhīrastatra na muhyati ||

Net zoals voor degene die in het lichaam verblijft, er kindertijd, jeugd en ouderdom zijn, zo is er ook het verkrijgen van een ander lichaam. Daarom wordt de wijze niet misleid.[31]

Nadat Śrī Kṛṣṇa aan Arjuna had verteld dat het ware Zelf nooit geboren wordt en nooit sterft, geeft hij nu een logische onderbouwing.

[31] Bhagavad-Gītā, 2.13

Het is geen bewijs. Bewijs voor de eeuwigheid van de ātmā is dat alle Upaniṣaden en guru's dit zo nadrukkelijk verkondigen. Maar het laat wel zien dat de eeuwigheid van de ātmā niet in strijd is met logica of onze ervaring. Zoals we eerder zeiden: śruti-yukti-anubhava. De waarheden van de geschriften, mits juist begrepen, zullen noch logica noch onze ervaring schenden. Hier zegt Kṛṣṇa dat als we nadenken, we zien dat wij, het getuige-bewustzijn, ons hele leven lang onveranderd blijft. Terwijl het lichaam de kindertijd doorloopt, overgaat in volwassenheid en daarna aftakelt, is er steeds hetzelfde niet geobjectiveerde ik-bewustzijn als de onveranderlijke getuige van die veranderingen. Het is ook getuige geweest van de mentale veranderingen die zich tijdens deze fasen hebben voorgedaan. Deze drie stadia, kindertijd, jeugd en ouderdom, vertegenwoordigen de drie middelste stadia van de zes fasen van verandering die gewoonlijk in Vedānta worden gepresenteerd: ontstaan, bestaan, groei, volwassenheid, verval en vernietiging.[32] Als een entiteit één van deze

[32] De ṣaḍ-bhāva vikāras (zesvoudige wijzigingen) zijn: jāyate, asti, vardhate, vipariṇāmate, apakṣīyate and vinaśyati.

zes stadia doorloopt, moet het ook de overige vijf stadia doorlopen. Dus alles wat geboren wordt moet op een dag sterven. Dit is zeker waar voor het lichaam. We hebben ontelbare lichamen deze zesvoudige veranderingen zien ondergaan. Kṛṣṇa zegt echter dat dit niet waar is voor de ātmā. De ātmā is de getuige van deze zesvoudige veranderingen. De ātmā zelf blijft altijd onveranderd. De logische toevoeging van Kṛṣṇa is nu: als we een onaangedane getuige zijn geweest tijdens de verandering van het lichaam van jeugd naar volwassenheid naar ouderdom, de middelste veranderingen dus, dan moeten we ook een onaangedane getuige blijven van de eerste en laatste verandering van het lichaam, namelijk geboorte en dood. Dus, omdat we al hebben ervaren dat wij de onaangedane getuige zijn van drie van deze veranderingen, moeten wij logischerwijs ook de onaangedane getuige blijven van de andere veranderingen. Dit is een van de logische houvasten voor de eeuwigheid van het Zelf.

In de Vedische tijd, tenminste tot Śaṅkarācārya, werd de eeuwigheid van de ziel zo goed als universeel aanvaard. De debatten van Śaṅkarācārya en andere grote spirituele denkers gingen over de aard van de ziel, niet over of hij bestond of niet. Er was echter één denkrichting, bekend onder de naam Cārvāka Darśana[33], die volledig materialistisch was en het concept van een onsterfelijke ziel verwierp. Deze opvatting werd echter als zo idioot beschouwd dat er weinig moeite werd gedaan om hem te weerleggen. Als Śaṅkarācārya vandaag zijn commentaren zou schrijven, zou Cārvāka misschien wel een van zijn belangrijkste tegenstanders zijn. Hoewel de overgrote meerderheid van de mensen gelooft

---

[33] Volgens de hindoeïstische mythologie was Bṛhaspati, de guru van de devatās, de vader van Cārvāka Darśana. Er wordt gezegd dat Bṛhaspati zelf de darśana niet accepteerde, maar die verzon om de demonen te misleiden om hen zo gemakkelijker te kunnen vernietigen. Zijn eerste leerling was een demon genaamd Cārvāka. Cārvāka betekent letterlijk "hij wiens spraak zoet is", wellicht een verwijzing naar de verleidelijkheid van een filosofie die de nadruk legt op het genieten van zoveel mogelijk lichamelijk genot. De basistekst van deze filosofie, de Bārhaspatya Sūtras, is verloren gegaan in de oudheid. Wat we van de filosofie weten komt voornamelijk uit verhandelingen van filosofische geschiedschrijvers, zoals Swāmī Vidyāraṇya's Sarva Darśana Saṅgraha, en uit geschriften van andere filosofen waar Cārvāka's gezichtspunten worden gepresenteerd en ontkend.

in God en een voortbestaan na de dood, koesteren velen ook twijfels. En natuurlijk geloven veel mensen dat het bewustzijn niet uit het Zelf voortkomt, maar afhankelijk is van het fysieke lichaam, een product dat voortkomt uit de samenvoeging ervan. Wanneer dit argument in de *Brahma Sūtras* aan de orde wordt gesteld, weerlegt Śaṅkarācārya het uitvoerig.[34] Laten we kort kijken naar wat Śaṅkarācārya daar zegt.

Śaṅkarācārya stelt de ātmā gelijk aan bewustzijn en wijst erop dat, als bewustzijn een product van het fysieke lichaam zou zijn, het ook in het dode lichaam moet blijven bestaan. Het fysieke lichaam blijft immers nog enige tijd na de dood bestaan. Toch beschouwt niemand het als bewust. Tegenwoordig kunnen we daaraan toevoegen dat zelfs zeer diep ingevroren lichamen niet als bewust worden beschouwd. Dit weerlegt het argument: "omdat we alleen via het lichaam bewustzijn ervaren, moet het lichaam de bron van het bewustzijn zijn" als een logische misvatting.

Śaṅkarācārya wijst vervolgens op de logische denkfout als je dit argument van de tegenovergestelde kant benaderd. Eerder ontkende hij

34 Brahma Sūtra, Aikātmya Adhikaraṇam, 3.3.53-54

het idee “waar een lichaam is, is bewustzijn.” Nu ontkent hij het idee “waar geen lichaam is, is ook geen bewustzijn.” Hij stelt dat ook al ervaren we geen tekenen van bewustzijn in een dood lichaam, dit nog niet betekent dat we er zeker van kunnen zijn dat bewustzijn weg is. Er kunnen andere redenen zijn waarom bewustzijn niet tot uitdrukking komt in dode lichamen. Dit is een punt dat Amma vaak naar voren brengt. Ze zegt: “Wanneer een gloeilamp doorbrandt of een ventilator ophoudt met draaien, betekent dat niet dat er geen elektriciteit is. Die is er nog. Het betekent alleen dat de gloeilamp of de ventilator niet meer het juiste medium is om die elektriciteit te manifesteren. Bewustzijn heeft ook een geschikt medium nodig om zich te manifesteren. De ātmā is eeuwig en overal. De dood vindt niet plaats door de afwezigheid van de ātmā, maar door de vernietiging van het medium dat bekend staat als het lichaam. Op het moment van de dood is het lichaam niet meer in staat om bewustzijn te manifesteren. De dood toont het uiteenvallen van het instrument, niet een onvolmaaktheid in de ātmā.” Dus zeggen Śaṅkarācārya en Amma dat ook als we geen bewustzijn in een dood lichaam ervaren, het niet betekent dat er geen bewustzijn is. Śaṅkarācārya voert dit argument niet aan om te zeggen dat, zonder dat de levenden het weten, het individu dat gebruik maakte van het lichaam, in het lijk gevangen blijft. Hij wijst er alleen op dat het onvermogen om bewustzijn in een lijk te herkennen geen sluitend argument is voor de afwezigheid ervan.

Śaṅkarācārya geeft vervolgens een derde argument waarom het fysieke lichaam niet de bron van bewustzijn kan zijn. Hij zegt dat alles wat we in dit universum zien, ruimte, wind, vuur, water en aarde, en alles wat ze voortbrengen, inert is. Daarom moet dit lichaam, dat we kunnen zien en dat ook een product is van deze inerte elementen, logischerwijs ook inert zijn. Hoe kan het dan de bron van bewustzijn zijn?

Nog een ander argument: wij zijn in staat eigenschappen te ervaren. Als iemands lichaam dik is, ervaar ik zijn dikte. Als iemand een vieze lichaamsgeur heeft, ervaar ik dat ook. Als bewustzijn een eigenschap van het lichaam zou zijn, zou ik dan niet ook iemands bewustzijn moeten kunnen ervaren? Toch heeft nog nooit iemand het bewustzijn van iemand anders ervaren.

Een laatste argument: om dit laatste argument te begrijpen, moeten we terugkeren naar enkele van de principes die we bespraken als onderdeel van dṛg-dṛśya viveka. Daar zeiden we dat een waarnemend subject nooit zichzelf kan waarnemen. Het oog met zijn kijkvermogen kan talloze objecten zien, maar nooit zichzelf. Hier presenteert Śaṅkarācārya een kleine aanpassing aan dit idee. Hij zegt dat een eigenschap van een bepaalde substantie nooit die substantie kan waarnemen waarvan hij een eigenschap is. Dit betekent, dat als men het kijkvermogen als een eigenschap van de ogen beschouwt, deze eigenschap de ogen niet kan zien en dat de eigenschap van het vermogen om te proeven de tong niet kan proeven. Śaṅkarācārya volgt deze logica en zegt dat als het bewustzijn een eigenschap van het lichaam zou zijn, het zich niet bewust van het lichaam kon zijn. Toch zijn we ons allemaal bewust van ons fysieke lichaam. Daarom kan het bewustzijn geen eigenschap van het lichaam zijn.

Nogmaals, wij beschouwen geen van deze argumenten als bewijs dat eeuwig bewustzijn de aard van het Zelf is of dat het Zelf de dood overstijgt, enz. Het bewijs is dat het in de goddelijke geschriften staat en dat het door de guru wordt gezegd. Deze argumenten onthullen echter wel het onlogische karakter van opvattingen die het tegendeel beweren en die maar al te vaak doen alsof ze het exclusieve domein van rationaliteit in handen hebben. Vertrouwen in de woorden van de guru en de geschriften is dus essentieel. Als we ons beperken tot logica vanuit zintuiglijke gegevens, komen we nergens. Zoals Bhartṛhari zegt:

yatnenānumito'pyarthaḥ kuśalairanumātṛbhiḥ |
abhiyuktatarairanyaiḥ anyathaivo papāyate ||

Alles wat door slimme logici met veel moeite logisch wordt afgeleid, wordt door nog slimmere logici weer anders uitgelegd.[35]

Daarom kan wat vanuit het ene perspectief logisch lijkt, vanuit een ander perspectief volkomen onredelijk lijken. Zoals Amma zegt: "Als we met stevige, onwankelbare tred door het leven willen gaan, moeten we op het moment dat we met een crisis geconfronteerd worden, onze toevlucht nemen tot God en Zijn weg. Anders wordt het leven een rechtszaak waarin

---

[35] Vākyapadīya, 1.34

twee advocaten argumenteren zonder rechter. Die zitting zal nergens toe leiden. Zonder rechter is er geen uitspraak mogelijk." Wat is de waarheid? Wat is het pad? Wat is de aard van dit Zelf dat ik ben? We kunnen over deze dingen discussiëren op basis van logica, maar voor de ultieme overtuiging moeten we de leringen van de guru en de geschriften aanvaarden.

In de citaten waar Amma de dood vergeleek met een punt aan het eind van een zin of met het wisselen van treincoupé, sprak ze eigenlijk over reïncarnatie. Als zodanig zijn het uitspraken over de eeuwigheid van de ziel binnen het principe van de tijd, hoe het subtiele lichaam de dood van het fysieke lichaam overleeft en dan later een nieuw lichaam aanneemt. Zij zijn vergelijkbaar met het Gītā-vers:

vāsāṁsi jīrṇāni yathā vihāya
navāni gṛhṇāti naro'parāṇi |
tathā śarīrāṇi vihāya jīrṇāni
anyāni saṁyāti navāni dehī ||

> Zoals een man versleten kledingstukken uittrekt en nieuwe aantrekt, zo legt ook de belichaamde versleten lichamen af en gaat andere binnen die nieuw zijn.[36]

Maar, zoals we aan het begin van dit hoofdstuk al zeiden, gaat het sat van saccidānanda over eeuwigheid op een heel ander niveau. Het is niet een eeuwigheid binnen het principe van de tijd, maar een eeuwigheid die het substraat is van het tijdprincipe. Over dit niveau zegt Amma: "Mensen vieren hun verjaardag uitbundig, maar als we onze verjaardag vieren, bevestigen we tegelijkertijd onze sterfdag. De ware geboortedag is de dag waarop we begrijpen dat we nooit geboren zijn en nooit zullen sterven. De ātmā sterft nooit en wordt ook niet geboren. Het is als de oceaan. De oceaan verandert nooit, het blijft het substraat waaruit alle golven ontstaan. Wat is een golf nu echt? Alleen maar water. Een golf komt op en verdwijnt. Een andere komt op en verdwijnt ook weer. Weer ontstaat er een op een andere plaats en in een andere vorm. Maar wat is dit alles? Niets anders dan zeewater in verschillende vormen en gedaanten. De

[36] Bhagavad-Gītā, 2.22

golven verschijnen en verdwijnen, verschijnen opnieuw en verdwijnen weer, maar het water blijft hetzelfde; het verandert nooit. Golven zijn dus niets anders dan hetzelfde water in een andere vorm en op een andere plaats. Op dezelfde manier manifesteert de paramātmā zich als de verschillende jīva's in al zijn vormen en gedaanten. De vormen en gedaanten verschijnen en verdwijnen, maar het essentiële principe daarachter, de basis, de ātmā, blijft voor altijd onveranderd, zoals de oceaan."

Wanneer we dus zeggen dat de ātmā zuiver bestaan is, dan bedoelen we dat overal waar 'bestaan' ervaren wordt, het Zelf is. En waar wordt bestaan ervaren? Overal. We ervaren allemaal constant het bestaan. Het is alleen zo dat we nooit 'zuiver bestaan' ervaren. We kunnen zuiver bestaan niet ervaren, omdat wij het zijn. En zoals we aan het begin van het boek zagen: "Het ervarende subject kan nooit het ervaren object zijn." Daarom kunnen we onszelf alleen in een reflectie ervaren. Waarin worden we weerspiegeld? We worden weerspiegeld in elk object in dit universum. Hoe? Als sat, het bestaansprincipe dat elk object doordringt.

We zien van alles als we een kamer bekijken: een bureau, een tafel, een stoel, iemand anders, een kat, een muur. We zeggen: "Het bureau is", "De kat is", "De muur is". Vedānta leert ons hier dat deze uitspraken in feite niet een enkelvoudige ervaring tonen, maar een tweeledige ervaring: de ervaring van het object en de ervaring van ons Zelf, het zuivere bestaan, weerspiegeld in dat object. Het bestaansaspect wordt weergegeven door het werkwoord 'is'.

Dus ben jij, de ātmā, zuiver bestaan. Je ervaart jezelf in en door elk object, innerlijk en uiterlijk, in de schepping. Want overal waar een object verschijnt, weerspiegelt dat object de ātmā en manifesteert de ātmā zich in het object als zijn bestaan.

Dus, wat is de wereld? Objecten plus bestaan. Als je het bestaan verwijdert, kunnen de objecten niet overblijven, omdat je hun fundament hebt weggenomen. Aan de andere kant, als je de objecten verwijdert, blijft het bestaan, maar is het niet langer manifest. En wat is dat bestaan? Het is de ātmā. En wat is de ātmā? Dat ben jij.

Dus overal waar je kijkt, zie je jezelf, je spiegelbeeld. Je bent sat, het bestaansprincipe dat aanwezig is in en door elke ervaring die je hebt. Degene die het Zelf werkelijk kent, de ātma-jñānī zoals Amma, weet dus dat ze altijd haar eigen Zelf ervaart in en door de schepping. Waar we ook kijken, overal is er een constante tweeledige ervaring: het sat ātmā plus naam en vorm.

Toen Amma een keer naar haar programma's in Australië vloog, zat een klein meisje van ongeveer vijf jaar naast haar. Het kind had een kleurboek en Amma vroeg haar of ze met haar mee mocht kleuren. Ze maakten een afspraak: het kleine meisje zou de kleuren kiezen en Amma zou kleuren. Kleurboeken waren de belangrijkste manier waarop de ouders van dit meisje haar hadden beziggehouden tijdens Amma's programma's. Een leerling van Amma die haar zo vaak had zien kleuren, had een paar keer tegen het kind gezegd: "Net zoals jij die plaatjes nu inkleurt, heeft Amma jou geschilderd." Dus toen het kleine meisje en Amma klaar waren met het kleuren van de kleurplaat, vroeg het kind aan Amma: "Heb je mij ook geschilderd?"

Amma keek haar even aan en zei toen: "Ik hoefde je niet te schilderen. Je kijkt in een spiegel en ziet een tweede ik. Jij bent gewoon een tweede ik, een weerspiegeling. Iedereen is gewoon een weerspiegeling, elke plant, dier en mens. Zelfs stokjes hout en de stenen!"

Het kind zei tegen Amma: "Maar jij bent anders dan alle anderen! Je bent zoveel mooier!"

Amma kuste haar op het voorhoofd en zei: "Alleen jij ziet mij als anders. Ik zie alles als hetzelfde. Jij ziet 'mooi' en 'lelijk'. Maar voor mij is er alleen 'mooi' omdat alles mij is."

Het zien van zuiver bestaan dat wij zijn, de ātmā, dat zich overal in weerspiegelt, is dus eeuwigheid 'op het volgende niveau'. Was dat bestaansbeginsel er in het verleden? Natuurlijk. Het is een eeuwig principe dat er is, zelfs wanneer het hele universum is opgelost: "Het niets is." Tijd is een relatief principe; het vereist dualiteit. Alleen wanneer er twee momenten zijn, of ze nu een eon uit elkaar liggen of een milliseconde, kunnen we van tijd spreken. Maar zelfs om van tijd te spreken is bestaan vereist, "tijd *is*".

Pas wanneer we begrijpen dat de ātmā het substraat van de tijd is, ontstijgen we het begrip van de eeuwigheid van het Zelf binnen de tijd naar de eeuwigheid 'op het volgende niveau'. Uiteindelijk verwijst het sat in saccidānanda dus niet naar iets wat permanent bestaat. Het sat is het bestaan zelf, de '*is*-heid' van alle vergankelijke dingen.

Tot nu toe hebben we over sat gesproken in termen van tijd. Maar bestaan is een principe dat ook geldt in termen van ruimte. Net zoals we zeggen dat alle momenten in de tijd gebaseerd zijn op zuiver bestaan, geldt dat ook voor alles in de ruimte: "het huis *is* hier," "de maan *is* daar," "het licht *is* overal" enz. Voor elke plaats die je kan bedenken in de ruimte, is bestaan er ook.

Amma verliest nooit uit het oog hoe dit zuivere bestaan haar ware aard is. Uiteindelijk is Amma hier om ons tot dit perspectief te verheffen. Toen Amma eens terugkwam van haar wereldtournee, mopperden enkele āśraṁbewoners, die Amma gemist hadden: "Amma, u bent zolang weggeweest. Als u zo lang weg bent, hebben we het gevoel dat u ons verlaten hebt."

Amma antwoordde: "Waar kan ik heen? Ik kan nergens heen gaan, noch kan ik ergens komen." Amma onthulde haar identificatie met het ware Zelf, het substraat van alles wat zich in elk atoom als bestaan weerspiegelt.

De alomtegenwoordigheid van de ātmā wordt gesymboliseerd in talloze verhalen uit de

Indiase Purāṇa's, Itihāsa's, enz. Eén zo'n verhaal gaat over Śuka, de zoon van Vedavyāsa. Volgens de legende vroeg de Godin Pārvatī op een dag aan Heer Śiva naar de krans van schedels die hij altijd om zijn nek droeg. Ze wilde weten van wie die schedels waren. Śiva probeerde de vraag af te wimpelen, maar Pārvatī's nieuwsgierigheid was gewekt en ze liet zich niet afschrikken. Uiteindelijk gaf Śiva toe dat ze van haar waren.

"Hoe kunnen dat mijn schedels zijn?" vroeg ze.

Śiva legde haar uit dat hij zoveel van haar hield dat elke keer dat ze stierf, hij haar schedel van de brandstapel nam en om zijn nek hing. Als ze dan weer geboren werd, zocht hij haar weer op en trouwde opnieuw met haar. Elke keer dat zij stierf, voegde hij weer een schedel toe aan zijn krans. Pārvatī was verward. "Waarom ben jij onsterfelijk, terwijl ik altijd sterf?"

Śiva legde haar uit dat dit is omdat hij het geheim van onsterfelijkheid kent en zij niet. Natuurlijk vroeg Pārvatī hem om haar dat te leren. Omdat hij een liefhebbende echtgenoot was, stemde hij daarmee in. Maar eerst schudde hij met zijn ḍamaru-trommel om alle wezens binnen gehoorafstand af te schrikken, zodat alleen degenen die het geheim mochten horen, het zouden horen. Toen zei hij tegen Pārvatī dat zij, terwijl hij haar het geheim vertelde, af en toe 'ja, ja' moest zeggen, omdat het een lang verhaal was en hij zo kon weten of ze in slaap begon te vallen. Daar ging ze mee akkoord en hij begon het haar uit te leggen.

Terwijl Śiva uitleg gaf, knikte Pārvatī om de paar minuten en zei: 'Ja, ja.' Maar uiteindelijk dommelde ze in. Śiva merkte het niet omdat in een nabijgelegen boom een babypapegaai net uit een ei was gekomen. De babypapegaai luisterde naar Pārvatī die telkens 'Ja, ja' zei en begon haar na te doen, terwijl hij naar het verhaal van Śiva luisterde.

Toen het verhaal was afgelopen, zag Śiva plotseling dat Pārvatī in slaap was gevallen. Hij realiseerde zich onmiddellijk dat iemand anders 'Ja, ja' had gezegd. Toen hij de pas uit het ei gekomen papegaai zag, viel hij hem aan met zijn drietand, omdat hij dacht dat de papagaai niet geschikt was voor de kennis van onsterfelijkheid. De papegaai vloog zo snel als hij kon weg, met Śiva achter zich aan.

De papegaai vloog alle kanten op, maar kon Śiva niet kwijtraken. Hij vloog pijlsnel, sloeg een hoek om en kwam bij het verblijf van de wijze Vedavyāsa en zijn vrouw Piñjalā. Juist op dat moment geeuwde Piñjalā en de papegaai vloog haar mond in, naar beneden haar buik in.

Śiva eiste dat de papegaai tevoorschijn kwam, zodat hij hem kon doden. Maar Vyāsa legde hem uit dat het nu te laat was. De papegaai was onsterfelijk, dus Śiva kon hem toch niet doden.

Het probleem was dat de papegaai niet meer naar buiten wilde komen. Hij had nu enige wijsheid en wist dat de wereld vol gebondenheid en gehechtheid was. Vanuit Piñjalā's buik zei de papegaai: "Als ik tevoorschijn kom, word ik als uw zoon geboren en zullen we beiden de pijn van gebondenheid ervaren." Vyāsa probeerde hem naar buiten te lokken, maar hij gaf niet toe. Twaalf jaar lang bleef de papegaai in de buik van Piñjalā, terwijl hij ieder jaar als een gewoon mensenkind groeide. Met een twaalfjarig kind in haar buik leed Piñjalā onnoemelijk veel pijn. Dus bad Vyāsa tot Kṛṣṇa, die onmiddellijk verscheen. Śrī Kṛṣṇa verzekerde de papegaai dat hij niet aan gehechtheid zou lijden en dat hij snel ātma-jñānam zou verwerven en bevrijding zou bereiken. Gerustgesteld kwam de papegaai tevoorschijn in de vorm en grootte van een twaalfjarige jongen. Vyāsa en Piñjalā noemden hem Śuka, wat papegaai betekent in het Sanskriet.

In overeenstemming met de woorden van Kṛṣṇa kwam Śuka onthecht tevoorschijn en op zestienjarige leeftijd vertrok hij om sannyāsa te nemen en tapas te doen om zelfkennis te verwerven. Vyāsa daarentegen was erg gehecht geraakt aan zijn zoon en toen hij ontdekte dat zijn zoon vertrokken was, ging hij naar hem op zoek om hem van zijn vertrek te weerhouden. Maar het was te laat. In de diepte van zijn meditatie had Śuka zijn eenheid met het substraat van alle elementen al gerealiseerd en was hij opgegaan in de totaliteit. Hij was verloren voor Vyāsa die hem niet kon vinden, hoe hij ook zocht. Tenslotte riep Vyāsa vol verdriet en in paniek: "Mijn zoon! Mijn zoon! Mijn zoon!" En, zoals het verhaal gaat, antwoordde de hele natuur, de aarde, de wind, de zon, de rivieren en zelfs de ruimte als echo: "Vader, Vader, Vader."

Hoe surrealistisch en fantastisch sommige verhalen als deze uit de Purāṇas ook zijn, ze bevatten de hoogste waarheden van spiritualiteit. Of we nu wel of niet geloven dat Śuka werkelijk als jongen werd geboren, nadat hij in Piñjalā's buik was gevlogen, doet er niet toe. Waar het om gaat is dat we de waarheid begrijpen waar de verhalen naar verwijzen. Zoals Amma zegt: "Als we het sap uit het suikerriet hebben gezogen, moeten we de vezels uitspugen." En in dit verhaal is het sap de waarheid dat wij diep vanbinnen het ultieme allesdoordringende zuivere bestaan zijn. Vyāsa was op zoek naar het beperkte fysieke lichaam van zijn zoon. Maar Śuka had zich gerealiseerd dat hij niet het grove fysieke lichaam was, maar de sad-ātmā, de essentie, de is-heid die alle lichamen, alle elementen ondersteunt. Daarom was Śuka overal. Dit is wat wordt gesymboliseerd door de natuur die reageerde toen Vyāsa om zijn zoon riep.

Het lijkt misschien alsof er een zweem van droefheid in dit verhaal zit, iets bitterzoets. Śuka heeft het hele universum gewonnen, maar Vyāsa heeft zijn zoon verloren. Maar in werkelijkheid betekent Śuka's versmelting met het universum dat hij zijn vader nooit heeft verlaten. Net zoals Śuka het alomtegenwoordige bestaan is, is Vyāsa dat ook. Er kunnen niet twee alomtegenwoordigheden zijn. Het is uiteindelijk dus geen verhaal van scheiding, maar een verhaal van eenheid. Er zijn niet vele ātmā's, er is slechts één ātmā. Het is alsof een waterdruppel huilt en tegen de zee zegt: "Waarom ben ik van jou gescheiden?" En de zee lacht terug en zegt: "Wat bedoel je? We zijn beiden water."

Amma heeft over Śuka's versmelting gezegd: "Iemand die één is geworden met het hoogste bewustzijn, is ook één met de hele schepping. Hij is niet langer alleen het lichaam. Hij is de levenskracht die in en door alles in de schepping straalt. Hij is dat bewustzijn dat aan alles zijn schoonheid en vitaliteit verleent. Hij is de ātmā die in alles aanwezig is. Dit is de betekenis van het verhaal."

De waarheid dat ons ātmā de enige ātmā is, dat wil zeggen dat elk wezen in de schepping ten diepste, sinds het begin der tijden één en hetzelfde bewustzijn is, is een ander specifiek aspect van onze aard, dat we niet met onze zintuigen kunnen ervaren of door logica kunnen verkrijgen. Het is de waarheid over onszelf die we leren van de guru en de geschriften. Als we dat eenmaal accepteren, zien we dat onze ervaring en logica niet alleen deze non-duale kennis niet kunnen produceren, maar ze het ook niet kunnen ontkennen. Ons vertrouwen in de guru en de geschriften maakt dat dit een feit voor ons is.

Amma herhaalt deze waarheid regelmatig. Zoals we al zagen, zegt Amma vaak dat als we willen weten wie Amma is, we moeten weten wie wij zijn. Het betekent dat het ware Zelf van allen één is. Zoals Amma het treffend uitdrukt: "Het ik in mij ben jij, en het jij in jou ben ik."

De Upaniṣaden en de *Bhagavad Gītā* verkondigen consequent deze waarheid van eeuwige eenheid.

eko devaḥ sarva-bhūteṣu gūḍhaḥ
sarvavyāpī sarva-bhūtāntarātmā |
karmādhyakṣaḥ sarva-bhūtādhivāsaḥ
sākṣī cetā kevalo nirguṇaśca ||

De ene goddelijkheid, verborgen in alle wezens, de alomtegenwoordige, inwonende ātmā van alle wezens, die op alle karma's toezicht houdt, de toevlucht van alle wezens, de getuige, het bewustzijnsprincipe, non-duaal, zonder eigenschappen.[37]

In de *Īśāvāsya Upaniṣad* wordt gezegd:

---

[37] Śvetāśvatara Upaniṣad, 6.11

yasmin-sarvāni-bhūtānyātmaivābhūd-vijānataḥ |
tatra ko mohaḥ kaḥ śoka ekatvam-anupaśyataḥ ||

Wanneer voor een man van kennis alle wezens alleen de ātmā zijn geworden, welke begoocheling en welk verdriet kan er dan zijn voor die ziener van eenheid?[38]

Bovendien:

yadā bhūta-pṛthag-bhāvam
ekastham-anupaśyati |
tata eva ca vistāraṁ
brahma saṁpadyate tadā ||

Wanneer men de verscheidenheid van wezens ziet als verankerd in het ene en ziet dat hun manifestatie alleen daaruit voortkomt, dan wordt hij brahman.[39]

En in de Gītā zegt Śrī Kṛṣṇa:

sarva-bhūtastham-ātmānaṁ
sarva-bhūtāni cātmani
īkṣate yoga-yuktātmā
sarvatra sama-darśanaḥ ||

---

[38] Īśāvāsya Upaniṣad, 7
[39] Bhagavad-Gītā, 13.30

yo māṁ paśyati sarvatra
sarvaṁ ca mayi paśyati |
tasyāhaṁ na praṇaśyāmi
sa ca me na praṇaśyati ||

> Degene wiens geest zich bezighoudt met yoga en overal gelijkheid ziet, ziet de ātmā verankerd in alle wezens en ziet alle wezens in de ātmā. Wie Mij overal ziet en wie alle dingen in Mij ziet, verliest Mij niet uit zijn blikveld en hij gaat ook niet verloren uit Mijn blikveld.[40]

Deze laatste twee verzen uit de Gītā wijzen er nogmaals op dat wat wij zoeken een verschuiving in begrip is. We moeten begrijpen dat ook al zien we diversiteit, de werkelijkheid is dat er slechts één ātmā is in het hart van al deze schijnbaar verschillende wezens. Dit is moeilijk, omdat de uiterlijke verschijning verwarrend genoeg het tegenovergestelde is. Om dit verschijnsel uit te leggen gebruikt Amma graag een specifiek voorbeeld, dat van de ene zon die in vele potten weerkaatst wordt. Amma zegt: "Stel dat je honderd potten met water in de zon zet. Dan zie je in elke pot een zon, nietwaar? Dat betekent

[40] Ibid, 6.29-30

niet dat er honderd verschillende zonnen zijn. De zon is één; de weerspiegelingen zijn talrijk."

Ditzelfde voorbeeld wordt gegeven in de Upaniṣaden, waarbij men de weerspiegeling van de maan gebruikt in plaats van die van de zon:

> *eka eva hi bhūtātmā bhūte bhūte vyavasthitaḥ |*
> *ekadhā bahudhā caiva dṛśyate jalacandravat ||*

> Hoewel hij één is, is de ātmā van alle wezens aanwezig in alle wezens. Alhoewel één, wordt hij gezien als velen, zoals de maan in (verschillende kruiken met) water.[41]

Dit voorbeeld wordt ook uitvoerig besproken in de *Brahma Sūtras*[42] en in belangrijke Vedāntaverhandelingen zoals *Naiṣkarmya Siddhi*[43], geschreven door Sureśvarācārya, één van de vier directe leerlingen van Śaṅkarācārya. Kortom, de geschriften en Advaita jñānīs verkondigen allemaal dat er maar één ātmā is, die zich op verschillende manieren in de schepping manifesteert als het zuivere bestaan,

---

41 Amṛtabindu Upaniṣad, 12

42 Brahma Sūtra, 3.2.18

43 Naiṣkarmya Siddhi, 2.47

dat dient als het substraat voor elk object dat wij waarnemen.

Dit is heel moeilijk te vatten. Hoe kan ik, dit kleine mensje, dat niet eens op tijd op zijn werk kan komen, het alomtegenwoordige principe zijn van zuiver bestaan, dat tijd en ruimte bevat, het ene ware Zelf dat zich manifesteert in alles wat bewust en inert is? Laten we ons, wanneer we een dergelijke uitspraak doen, betrappen op het teruggevallen in onwetendheid. Wanneer de guru en de geschriften ons vertellen dat wij het zuivere bestaan zijn dat als fundament dient van de gehele kosmos, bedoelen zij niet wij, de mens; zij bedoelen wij, het ware Zelf. Zij bedoelen de getuige die overblijft wanneer wij met de schaar van onderscheidingsvermogen alle oppervlakkige lagen van onze persoonlijkheid wegknippen. Vergeet niet, wij zijn niet dit lichaam, niet deze geest, niet dit ego. We zijn het zuivere getuige-bewustzijn dat de lichaams-ervaring, de geest-ervaring, de ego-ervaring verlicht. Wanneer we ons zelfconcept op deze manier hebben herschreven, dan is het idee ‘ik, het zuivere getuige-bewustzijn, ben ook zuiver bestaan’ niet meer onaannemelijk.

Ānanda: zuivere gelukzaligheid

Eindelijk komen we bij het aspect van het Zelf waar we allemaal op hebben gewacht: ānanda, gelukzaligheid. Dit was toch de belangrijkste reden waarom we deze reis begonnen zijn, nietwaar? Het belangrijkste doel van ons leven, ongeacht de andere doelen die we nastreven, is gelukkig zijn, liefde en vrede ervaren. Al deze woorden worden aangeduid met het woord ānanda.

Amma en de geschriften vertellen ons dat gelukzaligheid geen extern fenomeen is. Het is ons ware Zelf. Net zoals wij dat ene bewustzijn zijn dat het hele universum doordringt, net zoals wij dat ene bestaan zijn, zo zijn wij ook die ene gelukzaligheid. Geluk lijkt misschien voort te komen uit externe objecten, maar in werkelijkheid is geluk onze eigen natuur. Enkele belangrijke uitspraken in de Upaniṣaden die dit duidelijk maken zijn onder andere:

yo vai bhūmā tat-sukhaṁ nālpe
sukham-asti bhūmaiva sukham |

Dat wat het oneindige (brahman) is, is gelukzaligheid. Er zit geen vreugde in het eindige. Alleen het oneindige is gelukzaligheid. [44]

En:

yad-vai tat sukṛtam | raso vai saḥ |
rasaṁ hyevāyaṁ labdhvā nandī bhavati |

Dat wat bekend staat als de zelfschepper (brahman) is waarlijk de bron van vreugde; want men wordt gelukkig door in contact te komen met die bron van vreugde.[45]

En:

ānando brahmeti vyajānāt |
ānandāddhyeva khalivamāni bhūtāni jāyante |
ānandena jātāni jīvanti |
ānandaṁ prayantyabhisaṁviśāntīti |

Hij kende gelukzaligheid als brahman, want uit gelukzaligheid zijn inderdaad al deze wezens voortgekomen. Nadat ze geboren zijn, worden ze door gelukzaligheid in stand gehouden; ze bewegen zich naar gelukzaligheid en gaan in gelukzaligheid op.[46]

---

[44] Chāndogya Upaniṣad, 7.23.1

[45] Taittirīya Upaniṣad, 2.7.1

[46] Ibid, 3.6.1

Net zoals Amma's citaat waarmee we dit boek begonnen "Ons leven is bedoeld om in liefde geboren te worden, in liefde te leven en uiteindelijk in liefde te eindigen, maar tragisch genoeg sterft de meerderheid van ons zonder die liefde ooit te vinden, hoewel de meesten van ons hun leven doorbrengen op zoek naar liefde,." Het ānanda-aspect van de ātmā is het moeilijkst te begrijpen. We kunnen vrij gemakkelijk accepteren dat we altijd bestaan. Het feit dat wij altijd bewust zijn, is ook betrekkelijk gemakkelijk te waarderen. Maar wanneer de guru ons zegt: "Je ware aard is gelukzaligheid," is dat moeilijker te accepteren. Of we denken dat hij duidelijk onze mentale toestand niet kent.

Ook hier helpt het voorbeeld van de spiegel. Vergeet niet dat wij, als subject, onszelf nooit rechtstreeks kunnen ervaren. Wij ervaren onszelf alleen indirect, weerspiegeld in het omringende universum, zowel in het externe universum van de wereld als in het interne universum van het lichaam-geest complex. Zoals eerder uitgelegd, weerspiegelt ons bestaansaspect zich overal en op iedere plaats. Overal waar iets 'is': 'de vloer *is*', 'de muur *is*', 'de jongen *is*', 'de geest *is*', is dat '*is*' een weerspiegeling van de ātmā.

Elk object, hoe grofstoffelijk ook, weerspiegelt onze 'is-heid'.

Maar om ons bewustzijnsaspect te weerspiegelen moet de materie subtiel zijn. De grovere elementen, ruimte, wind, vuur, water en aarde of combinaties daarvan zoals tafels, stoelen, gebouwen, zijn niet in staat om bewustzijn te weerspiegelen. Zij kunnen het sat-aspect van de ātmā weerspiegelen, maar niet het cit-aspect. Maar de geest kan het bewustzijn weerspiegelen en doet dat ook. De geest van ieder bewust wezen kan in bepaalde mate bewustzijn weerspiegelen, of het nu gaat om een kakkerlak, een vogel, een hond, een walvis of een mens. (Hoewel planten zich niet kunnen bewegen, hebben zelfs zij een soort zenuwstelsel, waardoor zij ook vaag bewustzijn kunnen weerspiegelen.) Het bewustzijn weerspiegelt zich dus in de geest, niet in de grove niet-bewuste objecten van de wereld. Śrī Śaṅkarācārya verwoordt dit zeer bondig in zijn Advaita verhandeling *Ātmabodha*:

sadā sarvagato'pyātmā
na sarvatra avabhāsate |
buddhāvevāvabhāseta
svacchesu pratibimbavat ||

> Hoewel alles-doordringend, straalt de ātmā niet in alles. Hij manifesteert zich alleen in de geest, als een weerspiegeling in iets zuivers.[47]

Hoe verfijnder de geest, des te helderder wordt bewustzijn weerspiegeld. Vandaar de uitdrukkingen: "Hij heeft een hoger bewustzijn" of "Hij heeft zijn bewustzijn verhoogd" of "Door evolutie hebben levensvormen hun bewustzijn ontwikkeld." Maar in al deze uitdrukkingen is dat wat 'evolueert', 'zich verhoogt' of 'zich ontwikkelt' niet het bewustzijn, maar het vermogen van de geest om een eindige, gelokaliseerde zweem van het allesdoordringende bewustzijnsaspect van de ātmā te weerspiegelen.

Terwijl bestaan zich weerspiegelt in elk aspect van de schepping en terwijl bewustzijn zich alleen weerspiegelt in het deel van de schepping dat 'geest' wordt genoemd, weerspiegelt gelukzaligheid zich in een nog kleiner deel: de verstilde geest. Daarom zien we gelukzaligheid zo tastbaar in die zeldzame mahātmā's als Amma. Amma's geest is zo vredig dat haar geest altijd de gelukzaligheid van het Zelf uitstraalt. Zo zijn er ook tijden dat onze geest stil en vredig

---

[47] Ātmabodha, 17

wordt en op die momenten ervaren we ook gelukzaligheid. In meditatie kunnen we de geest in verschillende mate tot rust brengen en de weerspiegeling van de ātmā in onze geest als gelukzaligheid ervaren. In diepe slaap lost de geest ook in stilte op; daarom weten we allemaal dat slaap zeer gelukzalig is. De geest kan ook kunstmatig tot rust worden gebracht met drugs. Hij kan ook tijdelijk tot bedaren worden gebracht door onze verlangens te vervullen. Het probleem met drugs en het vervullen van verlangens is dat de geest, wanneer de effecten zijn uitgewerkt, nog onrustiger wordt dan hij al was voordat hij kunstmatig tot bedaren werd gebracht. Gevangen in een vicieuze cirkel vernietigen mensen uiteindelijk zichzelf en hun gezinnen in de ijdele hoop iets te bereiken wat in feite hun ware aard is.

Hoewel het vermogen van de geest om onze gelukzalige natuur te weerspiegelen van de toestand van de geest afhangt, wordt een basisniveau van gelukzaligheid bijna altijd weerspiegeld. In feite beschouwen we dit niveau als vanzelfsprekend. Pas wanneer het verdwijnt of krimpt tot een te verwaarlozen niveau, beseffen we dat we het kwijt zijn. Amma zegt vaak: "We beseffen pas dat we een hoofd hebben als we hoofdpijn hebben." Zo beseffen we dat we een basisniveau van weerspiegelde gelukzaligheid ervaren, wanneer die basisweerspiegeling vervaagt. Dit overkomt de geest tijdens klinische depressie en bij het afkicken van drugsverslaving. Naar dit basisniveau van gelukzaligheid wordt verwezen in de *Bṛhadāraṇyaka Upaniṣad*: etasyaivānandasyānyāni bhūtāni mātrām-upajīvanti—"Andere wezens leven maar van een fractie van deze gelukzaligheid."[48]

Wij ervaren deze waarheid regelmatig. We denken dat we in een bepaalde situatie ongelukkig zijn. We klagen over alles. En wat gebeurt er dan? Het probleem wordt alleen maar erger. Plotseling denken we: "Ik zou er alles voor over hebben om me te voelen zoals het hiervoor was." Dit betekent dat een kleine mate van ānanda bijna altijd weerspiegeld wordt.

Er is een verhaal dat hierover gaat. Een echtpaar komt bij een guru en vertelt hem dat ze altijd ruzie maken en niet gelukkig zijn. De guru draagt hen op drie honden in huis te nemen. "Wat jullie ook doen, laat ze niet uit,"

[48] Bṛhadāraṇyaka Upaniṣad, 4.3.32

zegt hij. "Kom over een week terug." Het stel volgt zijn advies op.

"Hoe gaat het nu?" vraagt de guru. "Verschrikkelijk," zeggen ze. "Het hele huis stinkt naar hond en hondenpoep." De guru knikt en zegt: "Oké, neem nu acht katten. Laat hen ook niet buiten. Kom over een week weer terug." De man en vrouw kijken elkaar aarzelend aan, maar gaan akkoord.

Zeven dagen later komen ze terug. "En?" vraagt de guru.

"Het is een nachtmerrie!" zeggen ze. "De honden jagen de katten achterna; de katten blazen en vechten met elkaar. Het huis stinkt verschrikkelijk."

De guru knikt opnieuw en zegt: "Oké. Haal nu tien ganzen in huis. Kom over een week terug."

Het echtpaar komt een week later terug. Ze zien er verschrikkelijk uit. Het gezicht van de vrouw is helemaal opgezwollen. De arm van de man zit in een mitella. Hun kleren zijn smerig. Ze zien eruit alsof ze niet geslapen hebben. De guru informeert: "En?"

Het echtpaar barst in huilen uit: "Het is een hel. Overal veren! Twee dode ganzen. Ik gleed uit over de ganzenpoep en heb mijn arm gebroken.

Het lijkt erop dat mijn vrouw allergisch is voor katten. Ze kan nauwelijks ademen. Het hele huis is één grote, verrotte chaos!"

De guru zegt: "Oké. Doe alle dieren weg. Kom over een week bij me terug."

Een week later, komt het stel terug. Ze houden glimlachend elkaars hand vast en stralen. Ze zijn het toonbeeld van huwelijkse harmonie. Ze vallen aan de voeten van de guru en prijzen hem voor zijn vermogen om wonderen te verrichten.

De moraal van het verhaal is dat een zekere mate van geluk in de geest gereflecteerd wordt, zelfs bij zogenaamd 'ongelukkig-zijn'. Om de geest meer gelukzaligheid te laten weerspiegelen is er maar één duurzaam middel: de geest rustiger maken door meditatie en onze voorkeur en afkeer verminderen.

Lang geleden, toen ik het busje bestuurde met daarin Amma en de andere brahmacārīs, zat er een oudere devotee naast me, die naar Amma's spiegelbeeld in de achteruitkijkspiegel bleef kijken. Zo onschuldig als een kind zei hij: "Ik kan Amma in de spiegel zien." Toen hij dit zei, lachte Amma en zei: "Je zult God overal kunnen zien wanneer de geest gereinigd is van al zijn onzuiverheden en een heldere spiegel wordt."

Amma onthulde deze waarheid. De geest is als een spiegel. Hoe meer we die geest oppoetsen, hoe duidelijker de gelukzaligheid van ons ware Zelf zich weerspiegelt en ervaren kan worden. Hoe meer we die spiegel verwaarlozen, door in zelfzucht, negatieve gedachtenpatronen en ongedisciplineerdheid te vervallen, des te troebeler wordt de spiegel. Maar hoe schoongepoetst of vuil de spiegel ook is, de werkelijkheid van het Zelf blijft hetzelfde. Het is saccidānanda: bestaan, bewustzijn, gelukzaligheid.

Er is een techniek die Amma veel mensen heeft gegeven. Het doel ervan is ons te laten inzien dat gelukzaligheid, of het nou in onze geest verschijnt of in de geest van andere schepselen, in feite onze eigen reflectie is, een reflectie van het ware Zelf. Soms vertellen mensen Amma dat ze verdrietig zijn, omdat ze graag meer tijd in de nabijheid van Amma willen doorbrengen. Ze zien andere mensen die voor darśan gaan of met Amma spreken en dan worden ze jaloers op het geluk van die mensen. Amma antwoordt hen meestal: "Als je iemand ziet genieten van het samenzijn met Amma, dan moet je proberen die persoon te zien als jezelf."

Ik heb het gevoel dat veel mensen deze instructie te licht opvatten, alsof Amma hen alleen maar gerust wil stellen. In werkelijkheid initieert Amma hen in een diepgaande oefening van Advaita waarbij wij ons eraan herinneren dat wij, het ware Zelf, de enige bron van alle gelukzaligheid in de schepping zijn en dat overal in de wereld waar gelukzaligheid ervaren wordt, het onze eigen reflectie betreft.

Wanneer we deze drie reflecties van het Zelf begrijpen, gaan we waarderen dat het Zelf alomtegenwoordig is en dat, waar we ook kijken, wij daar zijn. Telkens wanneer we iemand zien glimlachen of lachen, moeten we erkennen: "Die gelukzaligheid die hij uitstraalt is een weerspiegeling van mij, het ene ware Zelf." Telkens wanneer we een ander levend wezen zien, moeten we begrijpen: "Net zoals ik bewust ben, is hij ook bewust; dat bewustzijn is een weerspiegeling van mij, het ene ware Zelf." Bovendien, overal waar we ook maar iets zien, "de 'is-heid' die dat object ondersteunt, is een weerspiegeling van mij, het ene ware Zelf." Er is een prachtig vers in een Vedāntische verhandeling die deze ultieme visie prachtig vertolkt:

asti bhāti priyaṁ rūpaṁ
nāma-cetyaṁśa-pañcakam |
ādya-trayaṁ brahma-rūpaṁ
jagad-rūpaṁ tato dvayam ||

> Bestaan, bewustzijn, gelukzaligheid, vorm en naam, dat zijn de vijf delen. De eerste drie hebben de aard van brahman en de andere twee de aard van de wereld.[49]

In het vers is de terminologie iets anders dan die wij tot nu toe hebben gebruikt. Hier wordt bestaan aangeduid als asti, bewustzijn als bhāti en gelukzaligheid als priyam. Waar ik deze drie ook ervaar, ze gaan over mij, brahman, het ware Zelf. De andere twee dingen die we ervaren zijn maar naam en vorm, oftewel de wereld.

Volgens Amma en de geschriften zien we dus overal niets anders dan ons eigen Zelf. In die Vedāntische visie moet ons denken geleidelijk veranderen naar: "Op sommige plaatsen, zoals in een blok hout of in een gebouw, wordt ik weerspiegeld als bestaan. Op sommige

---

[49] Dṛg-Dṛśya Viveka, 20

plaatsen, zoals in vogels en andere dieren en mensen, wordt ik weerspiegeld als bestaan en bewustzijn. En op sommige andere plaatsen, zoals in de persoon die lacht om een grap of in vogels die gelukzalig tsjilpen of in een hond die vrolijk kwispelt, wordt ik weerspiegeld als bestaan-bewustzijn-gelukzaligheid. Ongeacht wanneer en waar en in welke mate ik weerspiegeld wordt, ik ben de weerspiegeling niet. Laat de weerspiegelingen komen, laat ze gaan, ik ben het eeuwige oorspronkelijke dat nooit komt of gaat, het ene stralende subject, dat zich op verschillende manieren weerspiegelt in oneindig veel namen en vormen."

Dit is Amma's visie en zij tracht ons naar deze visie te verheffen.

Amma bracht deze visie een keer duidelijk aan het licht. Het was tijdens een vraag-en-antwoord sessie in Seattle. Een devotee zei tegen Amma: "Amma, als ik in uw ogen kijk, heb ik het gevoel dat ik het hele universum kan zien." Toen vroeg ze Amma waarom haar ogen zo mooi waren en, meer specifiek, of Amma zelf ooit over de schoonheid van haar eigen ogen had nagedacht.

Amma zei: "Amma ziet haar eigen ogen door de ogen van haar kinderen." In feite is deze verklaring een sūtra. Met deze uitspraak kan, hoe beknopt die ook is, de hele spiritualiteit ontvouwd worden. Amma zei dat het waar is dat ze haar eigen ogen fysiek niet kan zien, omdat, zoals we herhaaldelijk gezegd hebben, de ziener niet het geziene kan zijn. Maar in haar opperste wijsheid weet Amma dat zij op verschillende manieren weerspiegeld wordt in alle aspecten van de schepping. De ziener kan het geziene niet zijn, maar het geziene is een weerspiegeling van de ziener.

Dit is de visie waardoor wij ware eenheid bereiken. Dit is de visie waardoor we weten dat we het essentiële substraat zijn van elke berg, elk meer, elke rivier en elke oceaan, van elke ster en elk zuchtje wind, zelfs van de hele ruimte. Het is de visie waardoor we uiteindelijk begrijpen, zoals Amma zegt: "Het ik in mij ben jij en het jij in jou ben ik." Het is de visie waardoor we weten dat elke lach en elke glimlach een weerspiegeling is van de gelukzaligheid die ons ware Zelf is.

Alleen in deze visie bereiken we eindelijk vrijheid. Want als we werkelijk begrijpen dat er niets anders bestaat dan wijzelf en onze weerspiegeling, blijft er dan nog ruimte voor angst in het leven? Wie zou er moeten zijn om te haten of boos op te zijn? Wat valt er te zoeken of te ontvluchten? We hebben begrepen dat alles onszelf is en alleen onszelf. Dan begrijpen we dat alle uitspraken in de Upaniṣaden over brahman of de ātmā of 'dat' niet gaan over iets wat ver weg en onbekends is, maar over onszelf:

> Het vuur is, heel eenvoudig, dat; de zon is dat; de wind is dat en de maan is ook dat. De pientere is eenvoudigweg dat; brahman is dat; de wateren zijn dat en Prajāpati is dat. Je bent een vrouw; je bent een man; je bent een jongen of een meisje. Als oude man loop je wankelend met een wandelstok. Als pasgeborene, draai je je gezicht in alle richtingen. Je bent de donkerblauwe vogel en de groene met rode ogen, de regenwolk, de seizoenen en de oceaan. Je leeft als één zonder begin vanwege je alomtegenwoordigheid, jij uit wie alle dingen geboren zijn.[50]

Met het dṛg-dṛśya viveka proces wezen we aanvankelijk alles af wat we als 'niet mij' ervaren.

---

[50] Śvetāśvatara Upaniṣad, 4.2-4

De wereld met al zijn objecten is een object dat ervaren wordt. Daarom kan ik, het subject dat ervaart, het niet zijn. Het lichaam met de organen voor activiteit en kennis-zintuigen wordt ook ervaren; daarom ben ik dat niet. Zo ben ik ook niet de energie in het lichaam. Ook niet mijn gedachten, emoties, ideeën, begrippen; zelfs ons besef een denker te zijn, of degene die handelt en ervaart; zelfs alle vrede en geluk die ik ervaar, ben ik niet. Aangezien ik mij bewust ben van al deze dingen en verschijnselen, zijn het allemaal objecten en daarom kan geen van hen mij zijn. Maar nu begrijpen we: "Hoewel al deze dingen inderdaad objecten zijn en niet het oorspronkelijke mij, zijn ze tegelijkertijd nog steeds weerspiegelingen van mij. Ik ben het saccidānanda, het bestaan-bewustzijn-gelukzaligheid dat alles doordringt. Al wat is, ongeacht welke dimensie van de werkelijkheid, is dus niets anders dan mij, oneindige reflecties van mij.

Dit is de ultieme kennis, het wereldbeeld waarin Amma eeuwig verblijft, een extase waarin we ons eigen eeuwige, gelukzalige Zelf overal weerspiegeld zien:

mayyeva sakalaṁ jātaṁ mayi sarvaṁ pratiṣṭhitam |

mayi sarvaṁ layaṁ yāti tad-brahmādvayam-asmyaham ||

In mij alleen is alles ontstaan. In mij alleen wordt alles in stand gehouden. Terug in mij lost alles zich op. Ik ben dat oneindige zuivere bewustzijn, waarbuiten niets anders bestaat.[51]

---

[51] Kaivalya Upaniṣad, 19

7

Vedanta in de praktijk

"Verlichting is kinderspel voor mij." Amma zegt dit af en toe. Als we dat voor het eerst horen, zijn we geschokt. Hoe kan het kostbaarste en waardevolste in de schepping, het enige ware doel van het menselijk leven, iets zijn dat je, in Amma's ogen, op elke Indiase straathoek voor 20 roepies kunt krijgen?[52]

Dit is gewoon Amma's manier om te zeggen dat voor haar de ware goddelijke aard van deze wereld, van haarzelf, van God, de essentiële eenheid van ons allen, zo vanzelfsprekend is dat het iets alledaags is. Net zo vanzelfsprekend als: "De zon is geel" of "Water is nat." Bovendien, als Amma zegt "Verlichting is kinderspel voor mij," wijst zij ook op de ultieme eenvoud van de spirituele leer. Zoals we gaandeweg in dit boek hebben gezien, is de visie van Advaita op zich niet ingewikkeld. Het is wonderlijk en in

---

[52] In het Engels is de uitdrukking: "Enlightenment is like peanuts to me." En pinda's zijn inderdaad overal te koop in India.

eerste instantie lijken bepaalde aspecten tegen je intuïtie in te druisen, maar het is iets wat iedereen uiteindelijk moet kunnen begrijpen: Je bent niet het lichaam en de geest. Je kunt ze niet zijn, omdat je ze waarneemt. Daarom ben je het niet-objectiveerbare getuige-bewustzijn. De aard van dat onkenbare 'jij' is dat het het eeuwige substraat van de hele schepping is. De hele schepping komt daaruit voort, wordt daarin in stand gehouden en lost er weer in op aan het eind van een scheppingscyclus. Overal waar je bestaan, bewustzijn of gelukzaligheid ervaart, ben jij dat, weerspiegeld in de schepping, die eeuwig uit jou voortkomt als een luchtspiegeling. Dit te weten is eenvoudig, hoe ongelooflijk het voor ons ook mag lijken. Voor Amma is het kinderspel.

Zelfkennis is kostbaar. Maar de echte waarde, voor ons en voor de wereld, komt wanneer we in staat zijn die kennis volledig te absorberen, door te laten dringen in ons onderbewustzijn en om te zetten in handelen. Amma's nadruk heeft altijd gelegen op jñāna-niṣṭhā, niet alleen op jñānam. Voor Amma heeft jñānam zonder niṣṭhā zeer beperkte waarde. Het is alsof je de grap begrijpt, maar nooit in lachen uitbarst.

Niṣṭhā is de staat van standvastig in kennis staan, onwankelbaar, onveranderlijk. Men wordt niṣṭha wanneer de kennis niet alleen aan de oppervlakte blijft, maar het onderbewustzijn heeft verzadigd. Dan zijn onze gedachten, woorden en daden altijd in overeenstemming met onze Vedāntische kennis. Dat is wat Amma zo bijzonder maakt. Ontelbare mensen hebben Vedānta begrepen en op emotioneel gebied de vruchten geplukt van de ultieme leringen ervan. Maar de mate waarin Amma één is met die leer en de mate waarin dit wordt uitgestraald in iedere gedachte, woord en daad, is zo goed als ongekend in de geschiedschrijving van de spiritualiteit.

Voor Amma zijn er twee criteria van jñāna-niṣṭhā: mentale gelijkmoedigheid en mededogen. Vertaalt de kennis dat we niet het lichaam of de geest zijn, zich in mentale gelijkmoedigheid wanneer we succes en mislukking ervaren? Of lof en kritiek? Vertaalt de kennis van onze eenheid met alle wezens zich in vriendelijkheid en meedogende dienstbaarheid? Dat is wat Amma "Vedānta in de praktijk" noemt. En dit is de centrale boodschap van Amma's leven. Hieraan hecht zij waarde.

Het volgende voorbeeld gebruikt Amma consequent om te laten zien hoe ātma-jñānaṁ, wanneer het op de juiste manier geassimileerd wordt, zich als mededogen voor anderen hoort te manifesteren: "Stel dat de linkerhand gewond is. Zegt de rechterhand dan: 'Dat is de linkerhand, daar heb ik niets mee te maken?' Nee, de rechterhand pakt meteen de linkerhand vast, aait hem en doet er zo nodig medicijnen op. Dat komt omdat hij de linkerhand niet los van zichzelf ziet. Als we spiritualiteit werkelijk begrijpen, reageren we op precies deze manier op het lijden van alle wezens."

Amma's hele leven is een manifestatie van dit principe in handelen. Een paar jaar geleden zei een journalist tegen Amma: "U besteedt dag en nacht aan het helpen van andere mensen, aan het drogen van hun tranen en het beantwoorden van hun vragen. Hoe zit het met u? Neemt u geen tijd voor uzelf?" Amma's antwoord was ontroerend: "Ik zie geen verschil. Hun tijd is mijn tijd."

Dit is de visie van een ware ātma-jñānī zoals Amma. Kṛṣṇa drukt hetzelfde gevoel uit in de Gītā wanneer hij zegt:

ātmaupamyena sarvatra
samaṁ paśyati yo'rjuna |
sukhaṁ vā yadi vā duḥkhaṁ
sa yogī paramo mataḥ ||

Arjuna, iemand die geluk en verdriet overal (in alle wezens) ziet met dezelfde maatstaf die hij op zichzelf zou toepassen, die yogī wordt als de allerhoogste beschouwd.[53]

Amma geeft nog een voorbeeld om aan te tonen hoe assimilatie van ātma-jñānaṁ tot mentale gelijkmoedigheid leidt. In het algemeen blijven we onthecht wanneer anderen door tragedies getroffen worden. Maar als we zelfkennis hebben geassimileerd, zegt Amma, ervaren we dezelfde mate van onthechting, wanneer wijzelf door problemen worden getroffen. Ze zegt dat wanneer de buren een geliefde verliezen of in moeilijkheden verkeren, wij hen gemakkelijk Vedāntisch advies kunnen geven. Maar als dezelfde tragedie ons zou overkomen, zouden wij degenen zijn die huilen. Als we bewustzijn werkelijk als onze aard hebben geassimileerd, identificeren we ons met de getuige. Dan zien we alles wat er met ons lichaam-geest complex

[53] Bhagavad-Gītā, 6.32

gebeurt, met dezelfde onthechting alsof het iemand anders zou overkomen. Amma zegt: "Het principe achter getuige zijn is de houding om niets als van 'mij' te zien. Als we zowel het goede als het slechte zonder vooroordelen kunnen bezien en ons identificeren met zuiver bewustzijn, kunnen onze handelingen en de resultaten ervan ons niet binden. De climax van de staat van getuige-zijn komt als onze geest als een spiegel is. Een spiegel zegt nooit: "Wat mooi!" of "Wat lelijk!" In stilte weerspiegelt de spiegel gewoon alles wat voor hem komt.'

Ooit vroeg een āśraṁbewoner aan Amma wat het nut is van het assimileren van de waarheid "Ik ben bewustzijn." Even later begon Amma hem te vertellen over een reeks fouten die een āśraṁbewoner had gemaakt. Hij luisterde aandachtig, terwijl Amma de fouten van deze persoon opsomde. Terwijl ze sprak, stemde hij in en glimlachte zelfs. Plotseling stopte Amma en zei: "Je weet toch wel dat ik het niet over iemand anders heb? Ik heb het over jou. Mensen kwamen me deze dingen over jou vertellen." De glimlach verdween onmiddellijk van zijn gezicht.

Amma zei toen: "Zie je nu de waarde van getuige blijven? Toen je dacht dat deze fouten door iemand anders gemaakt waren, stoorden mijn woorden je niet. Je bleef getuige en glimlachte om alles. Maar toen je je realiseerde dat jij de schuld kreeg, verdween je glimlach. Getuige-zijn is het vermogen om afstand te houden en alles met een glimlach gade te slaan, zonder je te hechten aan een situatie of je die in enige mate toe te eigenen."

Dus, zegt Amma, als we boosheid voelen tegenover iemand, moeten we proberen te denken: "Ik ben niet het lichaam, ik ben zuiver bewustzijn. Ik ben niet wat die persoon zei dat ik ben, dus waarom zou ik boosheid voelen? Zelfs hij is niet het lichaam, maar zuiver bewustzijn. Dus op wie word ik kwaad?"

Hier komt de waarde van zelfkennis tevoorschijn: we begrijpen niet alleen dat we niet het lichaam-geest complex zijn, maar behouden die kennis ook bij tegenslag en reageren niet wanneer dit lichaam-geest complex bekritiseerd wordt. De waarde van zelfkennis manifesteert zich als we onze eenheid met alle schepselen niet alleen intellectueel begrijpen, maar wanneer we hen net zo gemakkelijk liefhebben en dienen onszelf.

In 2004, na de tsunami in de Indische Oceaan, stonden de hele āśram en de omringende dorpen volledig onder water. Amma heeft de hele dag tot haar middel in het water gestaan om mensen te evacueren: āśrambewoners, bezoekers en dorpsbewoners. 's Avonds was zij de laatste die overstak naar het vasteland. Ik vroeg Amma toen hoe het met haar ging. Amma zei: "Het maakt niet uit wat er buiten gebeurt, van binnen ben ik altijd sereen." Dat is het teken van jñāna-niṣṭhā, innerlijke sereniteit, zelfs bij een tsunami.

In de begindagen van de āśram kwam er vaak een melaatse man, Dattan, voor darśan. Amma maakte met haar blote handen en tong zijn wonden schoon en zoog soms zelfs de pus uit zijn zweren. In die tijd vroeg ik Amma ook: "Amma, hoe kunt u dat doen? Voelt u geen afschuw?" Amma zei: "Zoon, voel je afkeer als je een wond op je eigen arm verzorgt? Ik zie zijn lichaam niet als iets wat van mij gescheiden is." Zo'n tedere, barmhartige dienstbaarheid aan hen die in nood verkeren zonder aan jezelf te denken, dat is jñāna-niṣṭhā.

In tegenstelling tot gewone mensen kiest de avatāra zelf de omstandigheden van haar leven: waar ze geboren wordt, waar ze zal wonen, wat ze zal doen, enz. En met de vastbeslotenheid om "Vedānta in de Praktijk" voor te leven, is darśan het perfecte middel.

Om dit te illustreren deelde een brahmacārī het volgende denkbeeldige verhaal over Amma. Hij zei dat Devī voor haar geboorte in de hemelen zat en nadacht over een leven op aarde. Ze vroeg haar hemelse metgezellen, haar śaktis: "Waar moet ik geboren worden?" Denkend aan een leuke vakantie met Devī zeiden ze: "Hmm, Kerala is mooi! Het wordt Gods eigen land genoemd!"

Devī zei: "Laat het zo zijn."

Toen vroeg Devī: "Bij wie moet ik geboren worden?"

De śaktis dachten erover na: "Wel, het moet ergens afgelegen zijn, zodat niet al te veel mensen ons komen storen." Dus zeiden ze: "Er is een echtpaar dat volgens dharma leeft en dat tussen de binnenwateren en de Arabische Zee woont. Zij zijn zeer vroom." (Ze vermeldden er niet bij dat er geen brug was.)

Opnieuw zei Devī: "Laat het zo zijn."

Toen vroeg Devī: "Maar wat zal ik daar doen?"

De śaktis zeiden: 'U kunt de mensen onderrichten in dharma en hen leren over hun goddelijke aard."

"Laat het zo zijn," zei Devī.

"Maar hoe moet ik ze dat leren?"

De śaktis zwegen allemaal. Want het vermogen om over die waarheid te spreken die woorden en geest te boven gaat, die niet eens geobjectiveerd kan worden, dat is een wonder.

Uiteindelijk grapte één van de śaktis, die bekend stond als de grapjas: "U zou ze kunnen omhelzen."

De andere śaktis waren in verwarring: "Hen omhelzen?"

De grappenmaker śakti lachte en zei: "Ja, je weet wel, alsof de jīvātmā en paramātmā samensmelten."

Het was als grapje bedoeld, maar Devī's ogen lichtten op. "Ja! Ja! Ik ga ze omhelzen."

De śaktis werden een beetje nerveus. Er was iets met die blik in Devī's ogen.

Devī zei: "Eerst zullen het er maar een paar zijn. Ik zal naar hun problemen luisteren en hun tranen drogen en hen omhelzen en alles voor hen doen wat ik kan. En hierdoor zullen de mensen zien dat het mogelijk is om net zoveel om iemand te geven als om jezelf. Maar dan zullen het er meer worden, honderden, en ook hen zal ik omhelzen en tonen wat waar mededogen is."

De śaktis werden steeds nerveuzer. Dit klonk helemaal niet goed. Maar Devī werd steeds opgewondener.

"En dan zullen er duizenden komen en ik zal ook hen omhelzen en hen mijn liefde en mededogen tonen. En de mensen zullen denken: 'Hoe doet ze dat? Dit duurt uren en uren! Ze is niet te stoppen! Ze neemt geen tijd voor zichzelf! Haar hele leven bestaat uit het drogen van de tranen van deze mensen en ze troosten. Heeft ze dan geen rust nodig? Hoe kan ze dit verdragen? Hoe kan ze blijven glimlachen?'

Maar ik zal niet stoppen. En dan zullen de duizenden veranderen in miljoenen. En sommigen van hen zullen bloemen gooien en sommigen stenen, maar ik zal evenveel van allemaal houden. Ik zal iedereen het medeleven tonen waarnaar ze zo wanhopig hunkeren. En sommigen zullen me bespotten en berispen. Sommigen zullen me verraden, maar toch zal ik hen niets anders dan liefde tonen.

En dan zullen er tientallen miljoenen komen. En niemand zal het geloven. Ze zullen zeggen: ‘Hoe kan ze dat doen? Haar lichaam zal het begeven!’ En dat lichaam dat ik aanneem, zal het begeven, maar ik zal blijven glimlachen. Ik zal hen aanmoedigen in hun succes en hun tranen drogen in hun verdriet. Ik zal ze laten zien, ik zal de hele wereld laten zien, waar Vedānta werkelijk over gaat. Wat het echt betekent en hoe het eruit ziet wanneer iemand weet dat hij God is en dat het hele universum zijn kind is.”

Toen zeiden de śaktis: “Alsjeblieft, Devī, doe dat niet! Weet u wel hoe pijnlijk dit zal zijn? De mensen zijn zo onwetend. Ze zullen alleen maar meer en meer van u willen. Ze zullen u nooit met rust laten met al hun problemen, moeilijkheden, vragen en brieven. En hoewel u ze onderwijst en de waarheid laat zien, zal de meerderheid het niet eens begrijpen. Dit te horen is voor ons al niet te verdragen. We willen u niet zoveel pijn zien lijden.”

Maar terwijl ze dit zeiden, begon het heldere rood van Devī's sāri al te vervagen tot wit. Devī's lange zwarte haar begon zich tot een knot te vormen. En toen, pal voor hun ogen, begon Devī's slanke lichaam een beetje mollig te worden, perfect om omhelzingen te geven.

En Devī hoorde de śaktis zeggen: "O, Devī, dit idee van u is ondragelijk, te onwerkelijk. Alsjeblieft, doe het niet!"

En Devī zei: "Nee, het is perfect. Dit is precies wat ik wil."

Als we eenmaal de Vedāntische leer begrepen hebben, is het onze plicht ernaar te streven die leer zoveel mogelijk in praktijk te brengen. De mate waarin Amma Vedānta leeft, is misschien onmogelijk voor ons. We moeten haar volmaaktheid dus zien als een poolster, waarop we voortdurend de reis van ons leven richten. Dit betekent dat we moeten begrijpen dat alle goddelijke eigenschappen die we in Amma zien, reflecties van de Vedāntische leer zijn. Als we dat op waarde schatten, moeten we standvastig zijn in onze kennis en die nastreven. We moeten Amma's geduld nastreven, haar zelfbeheersing, haar mededogen, haar onthechting van de ontberingen die ze ondergaat en van de pijn van haar lichaam, haar vrij-zijn van voorkeur en afkeer, het enthousiasme waarmee ze zich voor anderen opoffert en altijd direct klaarstaat om hen te helpen. Het hele pakket. Zoals Śaṅkarācārya in zijn commentaar op het tweede hoofdstuk van de *Bhagavad Gītā* zegt: "Want in alle spirituele geschriften worden alle eigenschappen van de verlichte persoon gepresenteerd als de spirituele oefeningen voor de spirituele aspirant."[54] Als we onze inspanningen combineren met ons begrip van Vedānta, brengen ze ons geleidelijk van jñānaṁ naar jñāna-niṣṭhā.

Vanuit het ultieme perspectief is ook de geest māyā. Dat wil zeggen, als wij de geest niet zijn, wat maakt het dan uit of diezelfde geest lijdt? Sommige belangrijke Vedāntische teksten nemen dit standpunt in. Uiteindelijk hebben ze gelijk. Bovendien zal de geest altijd tot op zekere hoogte fluctueren. Het is materie, net als het lichaam. Dat we Vedāntische kennis hebben verworven, betekent niet dat onze arm geen blauwe plekken zal krijgen als iemand erop

---

[54] Bhagavad-Gītā, 2.55: sarvatra eva hi adhyātma-śāstre kṛtārtha-lakṣaṇāni yāni tāni eva sādhānani upadiśyante yatna-sādhyātvāt.

stompt. Op dezelfde manier zijn emoties de aard van de geest. Tot op zekere hoogte zullen ze er zijn. Uiteindelijk ligt bevrijding niet in het beheersen van de geest, het is begrijpen: "Ik ben de geest niet." Wij zijn geen avatāra's zoals Amma. Het niveau van haar niṣṭhā moet ons vooruit leiden. Het kan duizenden jaren duren voordat er weer iemand in de wereld is die een dergelijke niṣṭhā tot uitdrukking brengt. Hoe dan ook, het is ons dharma om voortdurend te streven onze geest te ontwikkelen en te disciplineren, om onze geest in overeenstemming te brengen met onze Vedāntische kennis. Tegelijkertijd moeten we het volgende nooit vergeten "Ongeacht de toestand van mijn geest, hebben mijn geest, mijn denken en mijn emoties geen enkel effect op mij, het getuige-bewustzijn."

Dit zijn geen tegenstrijdigheden: we zijn niet de geest, terwijl we er tegelijkertijd continue naar streven de geest te ontwikkelen. Dat we Advaita Vedānta misschien begrijpen, betekent niet dat we onze mentale disciplines moeten opgeven. We moeten dagelijks tijd doorbrengen in meditatie, arcana doen, onze mantra reciteren en seva doen. De ultieme leer van Advaita is tenslotte "Ik ben niet de geest maar bestaan-bewustzijn-gelukzaligheid." Maar als we van die gelukzaligheid willen genieten, als we de advaita-makaranda, de non-duale honing die we zijn, willen proeven, dan hebben we maar één middel om dat te doen: de weerspiegeling ervan in de geest. We moeten dus niet ophouden onze geest te verfijnen en te onderhouden, ook al zijn de geest en wat erin weerspiegeld wordt uiteindelijk niet het echte ik. Als we de ultieme Advaita-leringen van de guru en de geschriften begrepen hebben, verrichten we dergelijke handelingen niet langer om bevrijding te bereiken. Ons denken wordt: "Ik ben vrij. Ik ben altijd vrij geweest, ik zal altijd vrij zijn. Maar deze geest heeft allerlei problemen. Laat me eraan werken om die te corrigeren. Dat heeft niets te maken met mijn ware aard. Maar toch, laat dit een levenslang project zijn, om deze geest zo goed, zo verfijnd en zo harmonieus mogelijk met de rest van de schepping te maken. Op die manier kan ik vriendelijker en liefdevoller zijn. Op die manier zal de liefde in mij niet "gevangen zijn als honing in een rots," zoals Amma zegt, maar gedeeld worden met iedereen.

Hier benadrukt Vedānta het belang van nididhyāsanam. Eerst luisteren we en leren we

Vedānta van de guru: śravaṇam. Dan ontdoen we ons van alle twijfels die opkomen door na te denken en vragen te stellen: mananam. Als de kennis eenmaal compleet en helder is en we de staat van niṣṭhā willen bereiken, dat wil zeggen dat de kennis onze geest volledig doordringt zoals dat bij Amma het geval is, dan moeten we bewust bij die kennis blijven stilstaan. Dit wordt nididhyāsanam genoemd. Kennis die nog niet tot het onderbewustzijn is doorgedrongen, is niet veel meer dan kennis uit een boek.

Amma zegt: "We kunnen ontelbare keren horen dat we niet het lichaam, de geest of het intellect zijn, dat we de belichaming van gelukzaligheid zijn. Maar we vergeten dit bij de meest triviale problemen. Constante oefening is daarom essentieel als we sterk willen zijn om moeilijkheden het hoofd te bieden. We moeten de geest trainen om voortdurend in dat bewustzijn te blijven. De geest moet getraind worden om alle obstakels van ons pad te verwijderen in de overtuiging dat we geen lammetjes zijn maar leeuwenwelpen." Amma verwijst hier naar nididhyāsanam.

In Amerika was er in de jaren zestig een zeer populair tv-programma, *The Andy Griffith Show.*

Het programma draaide om een plattelandssheriff en zijn egoïstische, onstuimige hulpsheriff, gespeeld door de komische acteur Don Knotts. In een aflevering gaat de hulpsheriff op judo. Hij vraagt de sheriff, die veel groter is, of hij hem een paar judogrepen kan demonstreren. Hij vraagt de sheriff naar hem toe te komen. Het probleem is dat de hulpsheriff de tegenaanvallen, die hij moet doen, alleen kan onthouden en demonstreren als de sheriff in slow motion op hem afkomt en dat ook nog eens precies volgens het boekje. Als de sheriff in volle vaart op de hulpsheriff afstormt of op een andere manier dan volgens het boekje wordt beschreven, smakt de hulpsheriff steevast keihard op de grond. Net zoals judo alleen nuttig is als ons onderbewustzijn ervan doordrongen is, zo is het ook met Vedānta. Dat is niṣṭhā. Dan krijgt het zijn echte waarde. Iemand mag technisch gezien alle judoworpen kennen, maar als hij ze niet genoeg geoefend heeft, zal hij de grepen niet goed kunnen uitvoeren. Op dezelfde manier moeten wij ook 'Vedānta beoefenen' totdat het een vast onderdeel wordt van hoe we denken, lopen en praten.

Amma betreurt: “Mensen willen korting. Dus geef ik korting. Maar met te veel korting gaat de kwaliteit achteruit.” Wat Amma bedoelt is dat ze ons nooit zal dwingen. Als we geen meditatie, arcana, seva, enz. willen doen, zal Amma ons niet afwijzen. Ze zal ons niet uit de darśanrij zetten. Ze zal ons haar liefde en mededogen blijven tonen. Zij zal ons die ‘korting’ toestaan. Maar wie verliest er door die korting? De kwaliteit van de vruchten die we plukken van ons spiritueel begrip, gaat verloren; de kwaliteit ervan vermindert evenredig met de korting die we nemen.

Onze geest heeft echt een zekere mate van verfijning nodig om Vedāntische kennis vrucht te laten dragen. Daarom wordt traditioneel gezegd dat we voordat we aan Vedānta beginnen, tenminste enige mate van sādhana-catuṣṭaya saṁpatti moeten ontwikkelen, wat letterlijk betekent de rijkdom die voortkomt uit vier spirituele oefeningen.[55] Daarom hebben we

---

[55] Zoals eerder vermeld betekent ‘vier’ spirituele oefeningen feitelijk ‘negen’, omdat een van de vier uit zes bestaat. Dus: viveka, vairāgya, mumukṣutvaṁ en śāmādi-ṣatka saṁpattiḥ (śama, dama, uparama, titikṣā, śraddhā en samādhāna) onderscheidingsvermogen,

onderscheidingsvermogen, onthechting en sterk verlangen naar het doel nodig. We hebben mentale en zintuiglijke discipline nodig. We hebben een vredige geest nodig die zich kan concentreren. We hebben een zekere mate van naar binnen gericht zijn nodig en vertrouwen in het onderricht van de guru en de geschriften. Als we sādhana-catuṣṭaya saṁpatti op een hoog niveau hebben, ontwaakt ātma-jñānaṁ heel snel wanneer het onderwezen wordt door de guru. En niṣṭhā volgt dan bijna vanzelf.

Maar hoe bereiken we dit? Door een leven te leiden vol waarden, een leven van vriendelijkheid en waarachtigheid, geduld, mededogen en nederigheid. Het wordt bereikt door karma-yoga en een gedisciplineerde meditatiebeoefening. Misschien kunnen we Vedānta begrijpen zonder deze dingen en zonder sādhana-catuṣṭaya saṁpatti. Per slot van rekening kunnen we tegenwoordig zelfs aan de universiteit Vedānta studeren. Maar die studenten bereiken

onthechting, verlangen naar bevrijding en de zesvoudige rijkdom die begint met mentale discipline: mentale discipline, zintuiglijke discipline, terugtrekking, verdraagzaamheid, vertrouwen en concentratie. Ze mogen nooit worden opgegeven.

geen verlichting en hun professor evenmin. Waarom niet? Zij hebben de kennis verkregen met korting, namelijk het overslaan van sādhana-catuṣṭaya saṁpatti. We moeten ervoor zorgen dat we geen zelfkennis krijgen met zo'n korting. Als we Vedānta begrijpen maar toch het gevoel hebben dat we er emotioneel niet op vooruitgaan, dan ligt het probleem aan ons gebrek aan mentale verfijning. Als dat het geval is, dan moeten we meer moeite doen om sādhana-catuṣṭaya saṁpatti te ontwikkelen. In feite mogen zelfs sannyāsīs ook nooit afstand doen van de discipline om sādhana-catuṣṭaya saṁpatti te blijven verfijnen.

De beste manier om ervoor te zorgen dat we altijd ijverig zijn met betrekking tot sādhana-catuṣṭaya saṁpatti is het onderhouden van een hechte en toegewijde relatie met een sadguru zoals Amma. Onze devotionele band met de guru is de beste manier om standvastig te blijven in dergelijke disciplines. In de helderheid van Amma's perfectie worden de gebreken van onze geest blootgelegd. Geconfronteerd met deze gebreken stuwt de combinatie van de guru's aanmoediging en onze eigen toewijding ons vooruit. Deze combinatie is te danken aan genade en ze brengt ook meer genade. Op het empirische vlak is genade altijd essentieel: genade om de geest te zuiveren, genade om onze band met de guru te ontwikkelen, genade om de instructies van de guru op te volgen, genade om het onderricht van de guru te begrijpen, genade om dat begrip te absorberen. Genade is nodig in ieder aspect. Zoals de Upaniṣaden zeggen:

> *yasya deve parā bhaktiḥ yathā deve tathā gurau |*
> *tasyaite kathitā hyārthāḥ prakāśante mahātmanaḥ ||*
>
> Alleen aan de groten, die de hoogste devotie voor God en de guru hebben, wordt de innerlijke betekenis van datgene waarover gesproken wordt (in de Upaniṣaden), geopenbaard.[56]

Zoals Amma graag zegt: "Het is niet genoeg om te zeggen: 'Ik ben brahman.' We moeten de aard van brahman in onze handelingen tot uitdrukking brengen. Zelfs als iemand ons berispt, moeten we kalm kunnen blijven zonder boos te worden. We moeten onderscheid maken: 'Ik ben niet het lichaam, ik ben de ātmā. Als ik de ātmā ben, dan is verdrietig zijn niet nodig.'

[56] Śvetāśvatara Upaniṣad, 6.23

Iemand staat terecht bekend als iemand die brahman heeft bereikt, wanneer hij een houding van niet-haat heeft. In die staat heeft hij niet het gevoel inferieur of superieur te zijn. Alles zit in ons. Wij zijn brahman. Maar het is niet genoeg om dat alleen maar te zeggen. Het gevoel brahman te zijn moet in ons ontstaan. Zowel de jackfruit als het zaad van de jackfruit zijn brahman. De jackfruit heeft een zoete smaak, het zaad niet. Die moet ontkiemen, groeien, een boom worden en dan jackfruit voortbrengen. Tot dan is het zaad niet hetzelfde als de boom of de vrucht. De boom zit in het zaad, maar in een sluimerende staat. Als het zaad goed gecultiveerd en verzorgd wordt, kan het een boom worden. Op dezelfde manier kunnen wij ook de staat van brahman bereiken, als we het proberen. Wat voor zin heeft het ons brahman te noemen, als wij voedsel en kleding najagen en het lichaam als eeuwig beschouwen? Kijk naar de mahātmā's. Zij koesteren geen haat voor wie dan ook. Met een glimlach gaan zij met iedereen om. Zij leiden de wereld en behandelen iedereen hetzelfde. Dat voorbeeld moeten we volgen. Ten eerste hebben we een regelmatige discipline nodig. De omheining van regelmatige discipline is nodig om de jonge plant van spiritualiteit te beschermen tegen de wilde dieren van materialism."

Laten we er dus naar streven Amma's leringen en die van de geschriften met vertrouwen en toewijding te begrijpen en in ons op te nemen. Laten we altijd geworteld blijven in universele waarden als mededogen, onbaatzuchtigheid en nederigheid. Laten we onthechting ontwikkelen ten opzichte van onze egoïstische impulsen. Laten we de wereld dienen met oprechtheid, vriendelijkheid, onthechting en zorg. Op deze manier, terwijl onze kennis degelijk is en onze geest steeds zuiverder wordt, zal de goddelijke werkelijkheid geleidelijk aan een steeds tastbaardere ervaring voor ons worden, zowel innerlijk als uiterlijk. Op deze manier zullen we Vedānta kunnen begrijpen en, zoals Amma, ook Vedānta in de praktijk brengen.

In november 2019 was Amma in Europa voor haar laatste buitenlandse tournee vóór de coronaviruspandemie en de lange wereldwijde lockdowns die daarop volgden. Aan het einde van een lange darśan in Marseille, Frankrijk, die sinds de ochtend non-stop was doorgegaan, sprak Amma de devotees toe. Amma keek naar de duizenden mensen die ze die dag omhelsd had en zei: "Ik zie zovelen van jullie die bedroefd zijn. Waarom zijn jullie zo verdrietig? Konden jullie maar zien wat ik kan zien. Ik zie oneindige, ongelooflijke vreugde in ieder van jullie. Maar die is bedekt met vele lagen verdriet; daarom kunnen jullie het niet zien. Ik kan deze er niet voor jullie uithalen. Maar voor jullie zou het zo gemakkelijk zijn. Jullie hoeven je alleen maar te realiseren dat die vreugde er is. Het is er! Het is er!"

Amma zei dat ze het gevoel had dat de meesten van hen de essentie van Vedānta begrepen, maar het probleem was dat hun begrip niet geworteld was in een vredige en gedisciplineerde geest. Vervolgens benadrukte ze steeds weer dat we om de Advaita-zelfkennis vrucht te laten dragen eerst de geest moeten verfijnen en tot zwijgen moeten brengen door verschillende spirituele oefeningen: onbaatzuchtige handelen, meditatie, waarden, gelijkmoedigheid, enz.

Ook al had Amma meer dan twaalf uur ononderbroken darśan gegeven en ook al stond het programma voor de volgende morgen alweer voor de deur, toch begon Amma toen Nirvāṇa

Ṣaṭakam te zingen. Dat is de stotraṁ geschreven door Śaṅkarācārya die eerder in dit boek is genoemd. De eerste drie regels van elk vers onderscheiden de verschillende aspecten van de ervaren wereld, het lichaam, de geest, enz., van het ware Zelf. Dan verkondigt de laatste regel triomfantelijk cid-ānanda-rūpaḥ śivo'haṁ śivo'ham "Ik ben Śiva, die van nature zuiver bewustzijn en gelukzaligheid is. Ik ben Śiva."

Amma vroeg alle devotees om onder het zingen van de bhajan hun ogen te sluiten en zichzelf toe te staan om alle bindingen te vergeten. Amma zei: "De Śiva die hier genoemd wordt is niet Śiva, de God. Het verwijst naar de paramātmā, het allerhoogste Zelf. Sluit in ieder geval voor de duur van dit lied je ogen en vergeet dat je 'die en die' bent. Vergeet dat allemaal, en terwijl je zingt, geloof dan: 'Ja, ik ben het allerhoogste Zelf. Ik ben het allerhoogste Zelf.' Toen Amma de bhajan zong, gebaarde ze, telkens wanneer het laatste kwart kwam, naar de devotees en dan naar haarzelf, alsof ze wilde zeggen: 'Jij bent het! Ik ben het. Het is de waarheid van ons allemaal. Śivo'haṁ śivo'ham.'"

Dit is de ultieme leer van Amma en van Advaita: Je bent zelf de eeuwige vrede en het eeuwige geluk waarnaar je je hele leven hebt gezocht. Je bent niet het lichaam of de geest. Jij bent zuiver bestaan-bewustzijn-gelukzaligheid. Jij bent die ene goddelijke draad waaraan alle harten geregen zijn. Alle namen en vormen ontstaan in jou, worden in jou in stand gehouden en gaan weer op in jou, in een eeuwige cyclus. Omdat je alles doordringt als het substraat, kan niets je ooit raken, laat staan schaden. Jij bent die waarheid. 'Jij bent het! Jij bent het!'

Mogen we, met Amma's genade, allen in staat zijn deze hoogst heilige waarheid te begrijpen, te waarderen en te leven.

|| oṁ lokāḥ samastāḥ sukhino bhavantu ||
Mogen alle wezens overal gelukkig zijn.

Woordenlijst

Ādi Śaṅkarācārya: heilige vereerd als guru, de belangrijkste verdediger van de advaita (non-duale) filosofie.
advaita: non-duale filosofie die stelt dat de jīva (individuele ziel) en jagad (universum) in essentie één zijn met brahman, de allerhoogste realiteit.
ahaṅkāra: ego of het gevoel van de rest van het universum gescheiden te zijn.
Advaita Makaranda: "De Nectar van niet-dualiteit"; een korte vedantische tekst van 28 verzen van Sri Lakshmidhara Kavi die kennis vergelijkt met de zoetheid van honing.
ānanda: gelukzaligheid.
ānandamaya kośa: het omhulsel van ervaren gelukzaligheid, de vijfde pañca-kośa
ananta: oneindig
annamaya kośa: het voedselomhulsel dat het fysieke lichaam bevat; het is de eerste pañca-kośa.
anubhava: ervaring
amṛta: onsterfelijk

apauruṣeya jñānaṁ: kennis die niet van menselijke oorsprong is.

arcana: het reciteren van de 108 of 1.000 namen van een bepaalde godheid (bijv. de Lalitā Sahasranāma)

arthāpatti: kennis op grond van vermoeden

āśram: een plaats waar spirituele zoekers en aspiranten wonen of naartoe gaan om een spiritueel leven te leiden. Het is meestal het huis van een spirituele meester, heilige of asceet, die de aspiranten begeleidt.

asti: bestaan

ātma: het ware Zelf, de essentiële aard van ons werkelijke bestaan.

Ātmabodha: is een korte Sanskriet tekst toegeschreven aan Adi Śankara uit de Advaita Vedanta school. In achtenzestig verzen beschrijft de tekst het pad naar zelfkennis of het bewustzijn van de ātma.

ātma-anātma viveka: onderscheid maken tussen ātma en anātma, het Zelf en niet-Zelf.

ātma-jñānaṁ: kennis van het Zelf of de ātma

ātma-jñānī: iemand die God of het Zelf gerealiseerd heeft; iemand die zelfverwerkelijking bereikt heeft.

avasthā-traya viveka: onderscheid tussen het Zelf en de waaktoestand, droomtoestand en diepe slaaptoestand.

avatār: goddelijke incarnatie. Het doel van een avatār is om het goede te beschermen, het kwade te vernietigen, dharma in de wereld te herstellen en de mensheid naar het spirituele doel te leiden.

avayava: zonder verval

avināśa: zonder vernietiging

Bhagavad Gītā: Lied van de Heer, bestaat uit 18 hoofdstukken waarin Heer Kṛṣṇa Arjuna raad geeft. Het advies wordt gegeven op het slagveld van Kurukṣētra, vlak voordat de Pāṇḍavas tegen de Kaurava's gaan vechten. Het is een praktische gids voor het overwinnen van crises in iemands persoonlijke of sociale leven en is de essentie van Vedische wijsheid.

bhajans: devotionele liederen

bhāti: bewustzijn

brahman: de absolute werkelijkheid, het hoogste wezen, het geheel, dat wat alles omvat en doordringt en één en ondeelbaar is.

brahmacārī: celibataire mannelijke discipel die spirituele disciplines beoefent onder leiding van een guru.

Brahma Sūtras: een belangrijke filosofische tekst die de leer van de Upaniṣaden samenvat, ook bekend als de Vedānta Sūtras.

cārvāka: een oude Indiase, materialistische school die het concept van een onsterfelijke ziel verwerpt.

cit: zuiver bewustzijn

cid-ānanda-rūpa: wiens natuur bewustzijn-gelukzaligheid is

damaru: een kleine trommel, in India bekend als het instrument van Śiva, dat werd gemaakt om het ritme van het universum aan te geven.

darśan: audiëntie bij een heilig persoon of een visioen van het goddelijke. Amma's kenmerkende darśan is een omhelzing.

dharma: dat wat (de schepping) in stand houdt; verwijst over het algemeen naar de harmonie van het universum, een rechtvaardige gedragscode, heilige plicht of de eeuwige wet.

Devi: godin, Goddelijke Moeder

dṛg-dṛśya viveka: onderscheid maken tussen de ziener en het geziene, een methode van onderzoek; ook: de titel van een populaire Advaita Vedantische tekst.

guru: spirituele leraar

jīva /jīvatmā: individuele Zelf of ziel.

jñāna: spirituele kennis
jñānī: iemand die God of het Zelf gerealiseerd heeft; iemand die de waarheid kent.
Kāli: Godin met een angstaanjagend aspect, afgebeeld als donker, met een krans van schedels en een gordel van menselijke armen.
karma: actie, mentale, verbale en fysieke activiteit; keten van effecten geproduceerd door onze handelingen.
kośa: omhulsel
Kṛṣṇa: voornaamste incarnatie van Heer Viṣṇu. Hij werd geboren in een koninklijke familie maar opgevoed door pleegouders en leefde als jonge koeherder in Vṛndāvan. Daar werd hij geliefd en aanbeden door zijn toegewijde metgezellen, de gōpīs (melkmeisjes) en gōpas (koeherders). Hij was een vriend en raadgever van zijn neven, de Pāṇḍavas, in het bijzonder Arjuna, die hij als wagenmenner diende tijdens de Mahābhārata-oorlog en aan wie hij zijn leer openbaarde in de vorm van de Bhagavad Gītā.
mahātmā: grote ziel, iemand die spirituele realisatie heeft bereikt.
mananam: reflectie over spirituele zaken.
Māta Amritānandamayi: Amma's officiële naam die betekent "Moeder van Onsterfelijke

Gelukzaligheid" en vaak voorafgegaan wordt door Sri om respect te benadrukken.

manomaya kośa: het mentale omhulsel, dat de zintuiglijke organen en al onze gedachten en gevoelens omvat. Het is de derde pañca-kośa.

māyā: illusie, de goddelijke macht of sluier waarmee God in zijn scheppingsspel zich verbergt en de indruk geeft van het vele; zo creëert de hij de illusie van afscheiding.

mithyā: veranderlijk, daarom vergankelijk; ook illusoir of onwaar. Volgens Advaita Vēdānta is de hele zichtbare wereld mithyā.

mokṣa: spirituele bevrijding, d.w.z. bevrijding uit de cyclus van geboorte en dood.

neti-neti: "niet dit, niet dit." een Advaita methode om onderscheid te maken tussen het werkelijke en het onwerkelijke door ontkenning.

nididhyāsanam: diepe en herhaalde meditatie over uitspraken in de geschriften.

nitya: eeuwig

Nirvāṇa Ṣaṭakam Stotraṁ: een bekende stotram geschreven door Adi Śaṅkarācāra en regelmatig gezongen door Amma.

niṣṭhā: de staat van standvastig in kennis staan, onwankelbaar, onveranderlijk.

paramātmā: het hoogste Zelf, brahman.
Pārvatī: gemalin van Śiva.
pauruṣeya jñānam: kennis die door de zintuigen verkregen wordt, menselijke keniis.
pañca-kośa viveka: onderscheid tussen het Zelf en de vijf omhulsels. De vijf omhulsels zijn: annamaya kośa, prāṇamaya kośa, manomaya kośa, vijñānamaya kośa en anandamaya kośa.
prakṛti: Moeder Natuur; oernatuur, het materiële principe van de wereld dat in samenwerking met Puruṣa het universum schept; de basis waaruit het universum bestaat.
prāṇamaya kośa: het energieomhulsel die ons hele neurologische, cardiovasculaire, endocriene systeem, etc. bestuurt; het is de tweede pañca-kośa.
purāṇa: er zijn achttien grote Purana's en achttien kleine Purana's. Deze oude teksten bevatten verhalen over de Goden en hun incarnaties. Zij hebben tot doel de leer van de Veda's eenvoudig en voor iedereen beschikbaar te maken.
puruṣa: het bewustzijn dat in het lichaam woont, het zuivere, ongeschonden universele bewustzijn/bestaan.
saccidānanda: bestaan, bewustzijn, gelukzaligheid.

sādhana-catuṣṭaya saṁpatti: de rijkdom die voortkomt uit vier spirituele oefeningen

sādhana: spirituele oefeningen

sādhu: een religieuze asceet, bedelmonnik of andere heilige persoon die het wereldse leven heeft afgezworen.

sākṣī: getuige, verwijzend naar de innerlijke waarnemer van ervaringen en gedachten.

samādhi: eenheid met God; een staat van diepe concentratie, waarin alle gedachten ophouden. De geest komt in een staat van volledige stilte waarin alleen zuiver bewustzijn overblijft als men verblijft in de ātman of het Zelf.

sanātana: eeuwig

Śaṅkarācārya: zie Ādi Śaṅkarācārya

sannyasi: iemand die afstand heeft gedaan van de materiële wereld om een leven te leiden gewijd aan spirituele oefening en het nastreven van verlichting (mokṣa). Een sannyasi draagt traditioneel een okerkleurige doek.

sāri: traditioneel bovenkleed van Indiase vrouwen dat bestaat uit één lange lap stof.

śakti: het dynamische aspect van Brahman als de universele moeder.

sat: waarheid

satsang: in het gezelschap zijn van wijzen en heiligen; ook spirituele verhandeling.

satyaṁ: waarheid

seva: onbaatzuchtig dienen, waarvan de resultaten aan God opgedragen worden.

siṁhāvalokananyāya: letterlijk: achterwaartse blik van een leeuw; wordt gebruikt om retrospectie aan te geven.

Śiva: het statische aspect van brahman als het mannelijke principe; wordt aanbeden als de eerste in de geslachtslijn van gurus en als het vormloze substraat van het universum in relatie tot het scheppende principe śakti. Hij is de Heer van vernietiging in de drie-eenheid van Brahmā (de Schepper), Viṣṇu (Heer van Behoud) en Śiva.

śravaṇam: luisteren, eerste stap van het driestappenproces naar zelfrealisatie dat door Vedanta wordt beschreven.

Śruti: 'wat gehoord is', een verwijzing naar de Vedās, die geopenbaard werden aan de ṛṣis.

stotraṁ: melodisch gezongen lofzang.

śūnyam: leegte

śuka: zoon van de wijze Vyāsa en verlichte ziel; belangrijkste verteller van de Śrīmad Bhāgavatam.

sūtras: aforismen

swāmī: titel van iemand die de gelofte van sannyāsa heeft afgelegd.

upanishaden: delen van de Veda's die over zelfkennis gaan.

Vedanta: einde van de Veda, de filosofie van de Upaniṣaden, het afsluitende deel van de Veda's, die stelt dat de ultieme waarheid 'één zonder tweede' is.

viveka: onderscheidingsvermogen; het vermogen om onderscheid te maken tussen het werkelijke en het onwerkelijke, tussen het eeuwige en het vergankelijke enz.

Viveka Cudamani: een vedantisch werk van Ādi Śaṇkarācārya.

vijñānamaya kośa: het omhulsel dat ons gevoel van eigenwaarde als onafhankelijk individu omvat, het ego; het is de vierde pañca-kośa.

Vyāsa: Vader van Śuka, auteur van de Veda's en auteur van 18 Purana's, de Brahmasutra's, de Mahābhārata en de Śrīmad Bhāgavatam. Omdat hij de Veda's in vieren verdeelde, staat hij ook bekend als Veda Vyāsa.

yogāsana: yogahouding

yogi: een beoefenaar of volgeling van yoga.

yukti: logica

www.ingramcontent.com/pod-product-compliance
Lightning Source LLC
LaVergne TN
LVHW051736080426
835511LV00018B/3103
9781680379259